古典文獻研究輯刊

十七編

潘美月・杜潔祥 主編

第 20 冊

明清域外喪禮漢籍經眼錄（續編）

彭衛民 著

國家圖書館出版品預行編目資料

明清域外喪禮漢籍經眼錄（續編）／彭衛民　著─初版─新
北市：花木蘭文化出版社，2013〔民 102〕
目 2+166 面；19×26 公分
（古典文獻研究輯刊 十七編；第 20 冊）
ISBN：978-986-322-462-4（精裝）
1. 喪禮　2. 明代　3. 清代
011.08　　　　　　　　　　　　　　　　102015294

ISBN-978-986-322-462-4

9 789863 224624

古典文獻研究輯刊
十七編　第二十冊　　　　　ISBN：978-986-322-462-4

明清域外喪禮漢籍經眼錄（續編）

作　　者　彭衛民
主　　編　潘美月　杜潔祥
總 編 輯　杜潔祥
企劃出版　北京大學文化資源研究中心
出　　版　花木蘭文化出版社
發 行 所　花木蘭文化出版社
發 行 人　高小娟
聯絡地址　235 新北市中和區中安街七十二號十三樓
　　　　　電話：02-2923-1455 ／傳眞：02-2923-1452
網　　址　http://www.huamulan.tw 信箱 sut81518@gmail.com
印　　刷　普羅文化出版廣告事業
初　　版　2013 年 9 月
定　　價　十七編 20 冊（精裝）新台幣 31,000 元　　　版權所有·請勿翻印

明清域外喪禮漢籍經眼錄（續編）

彭衛民　著

作者簡介

彭衞民，中國大陸西南政法大學政治學所研究人員，在《中國史研究》（韓國）、《史學彙刊》、《學術界》、《中國社會科學文摘》、人大複印資料《明清史》、《社會科學總論》、《出版業》、《探索》、《中國圖書評論》、《中國社會科學報》、《社會科學報》等刊物發表論文三十餘篇，主持或參與國家社科基金項目、教育部人文社會科學研究項目、西南政法大學重點項目十餘項，先後獲得第七屆中國青少年科技創新獎、重慶市科技學術標兵、重慶市第二屆學術年成果二等獎等獎勵。著有《〈喪禮撮要〉箋釋》、《于心有安：昭穆、譜牒與宗法》等書。

提　　要

　　本研究《明清域外喪禮漢籍經眼錄（續編）》（以下簡稱《續編》），為《明清域外喪禮漢籍經眼錄》（《古典文獻研究輯刊》第 16 編第 30 冊，花木蘭文化出版社 2013 年版，以下簡稱《經眼錄》）之增補。《經眼錄》系統收錄明清以來朝鮮與日本學者所著喪禮漢籍凡 93 種，共列舉明代朝鮮學者所著喪禮漢籍 28 種，清代域外喪禮漢籍 65 種，其中朝鮮學者所著喪禮漢籍 57 種，日本學者所著喪禮漢籍 8 種。《續編》則增補喪禮漢籍 67 種（部份為 1910 年後刊本），其中朝鮮學者所著喪禮漢籍 63 種，中國學者所著喪禮漢籍 1 種（《喪禮集要》），日本學者所著喪禮漢籍 3 種（《二禮童覽》、《家禮儀節考》、《喪令便覽》）。《續編》所用之版本，以韓國國立中央圖書館（The national library of Korea）與日本早稻田大學圖書館古籍善本書庫（Japanese&Chinese classics）之數位典藏等為依託。《續編》仍據《經眼錄》的基本研究方法與編錄方式，同時收錄部份以「喪禮日記」為體例的漢籍和珍稀的寫本、稿本。全書編排首以著者生活之年代為先後，次不可考其生卒年者；首以朝鮮學者，次以日本學者。每種文獻，皆附書影，若有兩種以上版本，則相應附兩種以上書影，書影下皆記說明文字。每種文獻皆首先介紹其卷冊、版框、版心、行款、序跋、刊年、印藏等情況，次介紹其收錄喪禮條目情況，次介紹該種文獻之成書情況、學術地位、社會影響及所承載之喪禮思想，次介紹作者生平。

凡 例

目 次

凡　例

　　一、《明清域外喪禮漢籍經眼錄（續編）》（以下簡稱《續編》）爲增錄《明清域外喪禮漢籍經眼錄》（《古典文獻研究輯刊》第 16 編第 30 冊，花木蘭文化出版社 2013 年版，以下簡稱《經眼錄》）所遺之域外（朝鮮與日本）喪禮漢籍版本之專書。《續編》藉助韓國國立中央圖書館（The national library of Korea）與日本早稻田大學圖書館古籍善本書庫（Japanese&Chinese classics）之數位典藏，共增補喪禮漢籍 67 種（部份爲 1910 年後刊本），其中朝鮮學者所著喪禮漢籍 63 種，日本學者所著喪禮漢籍 3 種（《二禮童覽》、《家禮儀節考》、《喪令便覽》），中國學者所著喪禮漢籍域外藏本 1 種（《喪禮集要》）。

　　二、全書目次之排序，首以著者生活之年代爲先後，次不可考其生卒年者；首以朝鮮學者，次以日本學者。

　　三、每種文獻，皆附書影，若有兩種以上版本，則相應附兩種以上書影，書影下皆有文字說明。每種文獻皆首先介紹其卷冊、版框、版心、行款、序跋、刊年、印藏等情況，次介紹其收錄喪禮條目情況，次介紹該種文獻之成書情況、學術地位、社會影響及所承載之喪禮思想，次介紹作者生平。

　　四、《續編》所選取之版本中，有部份以「喪禮日記」形式成書，如《先妣初終日記》、《貞純王后國恤謄錄》、《愼終錄》等，頗具研究價值，但此次續編時因精力不及，該種漢籍未及全盤搜羅，茲待將來再行補充。

　　五、書中收錄的部份漢籍刊行於 20 世紀初、中期，但作者可能生活在 19 世紀甚至更早（生卒年不可考），權一併收入。

1、柳成龍：《慎終錄》

癸未初終日記

癸未八月初六日 晴 終日　申時慈親以關隔之症下世收尸鼻渡
癸喪凡十四洞蜜　朝後困以寒縮終日更不飲咳未知其症朝

三訃臧獲等來夜奔喪入哭　金奴得非夫　吏昏二人來供

書役即傳計諸處　官廳色崔益浩　徐碩士道淳沈碩士且徹與
次兒　長子是遇　在京未還　共議治喪　左兵校趙德林寧村人十餘人皆
烓徹夜○木手陰松德李致祥共治棺板　板村妹夫趙碩士影五年前已為買送者
也　二更時柳村趙妹奔喪而來○是夜上下男女二十餘人各

〔朝鮮〕柳成龍（1542～1607）：《慎終錄》，
朝鮮高宗22年（1885）寫本。

全書不分卷，共兩冊。四周無框，無界欄，每半葉十二行，每行約二十五字，註文小字雙行。版心白口，無魚尾，半葉框高二十六公分，寬二十公分。

表題：「日記一癸未」，右端題「諸具興成記」，序：「有泚自屬纊之日，至於受吉，而次第編錄，以爲後日記」，序後一頁左端題：「癸未初終日記」。

是書爲柳氏述錄其先親喪，自屬纊至吉祭諸事，前冊爲喪禮日記，下冊爲喪禮諸具。其中條目大致如下：

癸未八月十六日：申時，慈親視以關隔之症下世，收尸、皋復、發喪、乘夜奔喪入哭、傳訃諸處、共議治喪、放燎徹夜、共治棺板、鄰人奔喪而來。

十七日：治棺於門外虛廳，供役事或訃書、共相議看檢諸事，黃昏後乃沐浴、畢、乃遷陳襲飯含。

十八日：復治棺于廳事之前，午時復陳大斂、覆以侇衾，戌時棺入房中、加七星板、達宵治成服之具而未了。

十八日：村婆供針役、成服之具至午始畢，上朝上食、內外成服、結棺、行夕上食、夕奠。

二十日：平明行朝哭，日出後行朝奠、朝食。

二十一日：造白硯函、白松盤、橫帶。

二十二日：傳各處訃書、治橫帶成。

二十六日：油張紙八章，欲速結棺。

九月初一：日出後行殷奠。

初二日：金生員來吊，問山運之合否。

初三日：沈生員來消吉日，未果而歸。

初五日：長兄思述自京奔哭于靈座。

初八日：木手造喪舉、馮木。

初九日：行朝上食、兼設重九奠。

十三日：思述領沈生員消吉而歸。

十五日：行朝上食、兼設望奠，木手造誌石機。

十七日：貿石灰十三斗、輸於墓所。

十九日：造誌石未了。

二十日：告占山、躬於先考墓所、行祠土禮、次行告先墓禮。

二十一日：刻灰誌未了。

二十二日：刻灰誌八片、燔於燎火、填以灰、以糊塗紙。

二十五日：巳時行啓殯之禮、子思述爲告祝時執事。

二十六日：啓殯出柩、奉于正寢，啓棺省視、覆天板、初著漆、藉藁、圍席、覆以單衾，午時再著漆於棺。

二十七日：三著漆於棺、午後四著漆於棺。

二十八日：五著漆於棺、刻誌石，六著漆於棺。

二十九日：七著漆於棺，午後八著漆於棺。

三十日：九著漆於棺，午後書棺上銘旌、畫翣扇、裏棺三疊、結絞、治內金井機。

十月初一日：朝上食、朔奠，思述等人看檢金井、指揮起送，午後妹夫奔哭於靈座、奉官令而來到護喪、行朝祖禮、行遷柩廳事之禮、因夕奠行祖奠如儀、官廳題主、將校以官令分付發引、達夜治行裝諸具。

初二日：曉行朝哭、雨勢稍停、諸具一併借來，平明行遷柩就舉之禮、奉魂帛遷柩、行遣奠禮、遂發引、行至化鶴店、碑石坪、早稻村、東山里前鋪、薪田峴葬所皆停留、待地師、治壙內、下內金井、穿穴、發引軍丁人馬一併還，只留七八人於葬所，夕時行夕上食、行夕奠禮、行夕哭禮、設燭於廳內、設燎於壙前、妹夫哭於靈座。

初三日：雞鳴時行朝哭朝奠、寅時橫置杠木於壙上、遷柩奉於杠上、拭棺上塵污、贈玄纁、築天灰、築平土、布誌石八片、送山神奠、行祠土地儀、塗粉題主、奉主移奉於靈舉中、置魂帛於主後、辭墓、發返魂之行、乘暮到家、內外相吊、即行初虞、始用茅莎、黃昏行夕哭禮。

初四日：寅時行再虞禮。

初五日：寅時行三虞禮。

初七日：丑時行卒哭禮。

初八日：丑時行祔祀禮。

初九日：平明後行朝哭儀、朝食儀、埋魂帛於墓所。

十一月二十三日：設冬至奠。

甲申正月初一日：朝上食、兼設正朝奠，十三日次孫生。

二十七日：季舅卞生員哭靈座。

二十八日：外從鑒氏哭于靈座。

五月初五：朝上食、兼端午奠。

六月十五日：朝上食、兼流頭奠。

八月十一日：外從卞氏哭于靈座。

十二日：妹夫趙碩士哭于靈座。

十五日：朝上食、兼秋夕奠。

十七日：止朝夕哭。

二十一日：省墓所而歸。

九月初九：朝上食、兼設重陽奠。

十一月初五：朝上食、兼設正朝奠。

二月二十日：朝上食、兼設寒食奠。

四月十九日：朝上食、兼設晬辰奠。

五月初五日：朝上食、兼設端午奠。

六月十五日：朝上食、兼設流頭奠。

八月十五日：行祔廟禮于先祖祠堂、朝上食、兼設秋夕奠、

十月初二日：行禫祀事。

初三日：卜日、乃得吉告廟。

十三日：設神位於廳事、次第奉四代神主於板上。

以上爲喪儀日記，中篇爲諸具，記錄的條目有：初終置簿、收尸之具、易服之具、治棺之具、沐浴之具、襲之具、飯含之具、小斂之具、大斂之具、魂帛之具、入棺之具、結棺之具、塗殯之具、靈座之具、経帶之具、成服之具、銘旌之具、褻御出入服之具、靈枕之具、破殯之具、進漆之具、結棺之具、祠土地神之具、告先墓之具、造誌石之具、朝祖之具、發引之具、穿壙之具、窆葬之具、題主之具、下棺後祠土神之具、造墓之具、返魂之具、還家後設靈座之具、小祥變服之具、大祥變服之具、吉祀變服之具、禫祀時變之具、五服受服圖。

柳成龍（1542～1607），字而見，號西厓，朝鮮中期南人黨成員、儒學家。歷任藝文館檢閱、弘文館副修撰、知制教、春秋館記事官、右議政等官職，官至領議政並統管四道軍事。著有《西厓集》、《愼終錄》、《懲毖錄》《永慕錄》、《觀化錄》、《雲岩雜記》、《喪禮考證》、《戊午黨譜》、《針經要義》等書，編有《大學衍義抄》、《九經衍義》、《圃隱集》、《退溪集》、《孝經大義》、《退溪先生年譜》等書。

2、金德龍：《家禮大全》

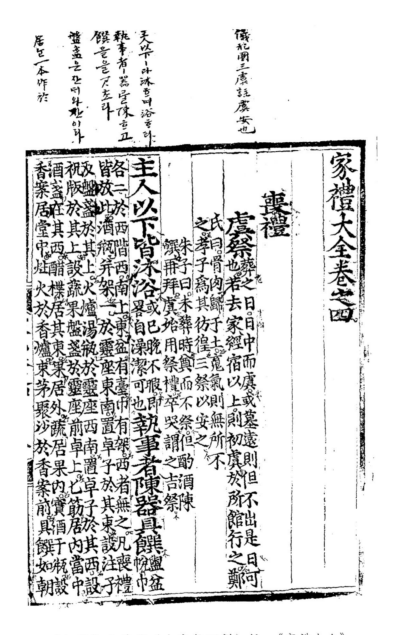

〔朝鮮〕金德龍（生卒年不詳）校：《家禮大全》，
朝鮮明宗 18 年（1563）木活字刊本。

全書共計四卷，裝成兩冊（第一冊缺）。四周雙邊，半葉框高二十三點四公分，寬十七點七公分，有界欄，每半葉十行，每行二十二字。版心上下粗黑口，上下兩葉黑魚尾。全本框高三十二點一公分，寬二十點七公分。天頭處有墨筆行書批文。

表題：「家禮大全書單」，卷末有牌記：「嘉靖癸亥谷城縣開刊、南原府移上校正，通訓大夫行谷城縣監蘇邂、奉正大夫行都事金啓、嘉善大夫全羅道觀察使兼兵馬水軍節度使金德龍」。

圖式部份收錄有二十八圖：家廟之圖、祠堂之圖、深衣前圖、深衣後圖、著深衣前兩襟相掩圖、裁衣前法裁衣後法、深衣冠履之圖、行冠禮圖、昏禮親迎之圖、衿鞶篋笥椸楎圖、小斂圖、襲含哭位之圖、大斂圖、喪服式圖、冠経絞帶圖式、斬衰杖履圖、齊衰杖履圖、喪舉之圖、本宗五服之圖、三父八母服制之圖、妻爲夫黨服圖、外族母黨妻黨服圖、神主式、櫝式、尺式、大宗小宗圖、正寢時祭之圖、每位設饌之圖。

卷一爲通禮祠堂、深衣制度、司馬氏居家雜儀；卷二爲冠禮：冠、笄；卷三爲昏禮：議昏、納采、納幣、親迎、婦見舅姑、廟見、婿見婦之父母。

卷四爲喪、祭禮，其中喪禮三十九條：初終、沐浴襲奠爲位飯含、靈座、魂帛、銘旌、小斂祖、免髽、奠、代哭、大斂、成服、朝夕哭奠上食、弔奠、賻、聞喪奔喪、治葬、遷柩朝祖、奠、賻、陳器、遣奠、發引、及墓下棺、祠后土、題木主、成墳、虞祭、卒哭、祔、小祥、大祥、禫、居喪雜儀、致賻奠狀、謝狀、慰人父母亡疏、父母亡答人慰疏、慰人祖父母亡啓狀、祖父母亡答人啓狀。祭禮七條：四時祭、初祖、先祖、立春祭先祖、禰、忌日、墓祭。

據前間恭作（1868～1941）《古鮮冊譜》（昭和 3～19 年）所錄及朝鮮總督府圖書館（韓國國立中央圖書館）《家禮》刊藏本知，朝鮮有明宗 18 年（1563）家禮大全本、乾隆己卯官定鑄本、西序書目草本、奎章閣本、英祖己卯印本（1759）、道光咸豐間在山樓藏坊刻本、濟州牧冊板庫抄本、朴世采家禮外編本、朝鮮孝宗 9 年（1658）三陟府刊本、朝鮮芸閣活字印本、朝鮮玄祖 36 年（1603）川谷書院本、摛文院書目本、大正 6 年（1917）張煥舜校本等刊藏本。

3、朴世采：《三禮儀》

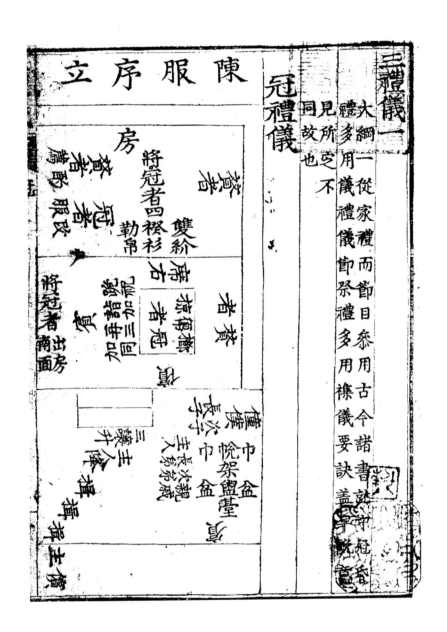

〔朝鮮〕朴世采（1631～1695）：《三禮儀》，
朝鮮純祖 12 年（1812）嶺營木活字重刊本。

全書共計三卷，裝成一冊，共六十四張，書中附圖。四周雙邊，半葉框高二十二點五公分，寬十六公分，有界欄，每半葉十行，每行二十一字，註文小字雙行。版心白口，內向二葉花紋魚尾。全本框高三十二公分，寬二十一點二公分。

表題：「三禮儀」，跋：「崇禎辛卯（1711）上元門人清風金榦謹識」，卷末有尾題。

文後爲牌記：「辛卯八月日義興縣開刊」及「壬申孟秋嶺營重刊」。牌記後有附註：「右文純公玄石朴先生所撰《三禮儀》一書，板本歲久多迭，且字細易刓，今不可印，而讀茲□其遂至泯滅，爰謀重刊。稍大其字，據以便考閱，若夫成書大義，具載于我高祖考文敬公厚齋先生跋語，茲不敢贊一辭。玄孫會淵適忝按節于是相、是役謹識顚末如此。」

此書原版爲肅宗 37 年（1711）義興縣木活字刊本，該本共六十三張，附圖。四周雙邊，半葉框高十九點三公分，寬十四點一公分，有界欄，每半葉十行，每行二十一字，註文小字雙行。版心白口，內向二葉花紋魚尾。全本框高二十八點八公分，寬十九公分，卷末有牌記：「辛卯八月日義興縣開刊」。

第三部份爲改葬儀，其中收錄的條目有：治葬、爲改葬先擇地之可葬者、治棺具、斂牀、布絞、衾衣、治葬具、制服、擇日開塋域祠后土、遂穿壙、作灰隔、告廟、前期一日告于祠堂、設幕次、祠后土、啓墓、執事者帥役者開墳、舉棺出、置幕下席上南首、祝以功布拭棺、覆以衾、設奠于柩前、兼設上食、改斂、祝設奠、遷柩就舉、發引、柩行、主人以下哭步從、途中遇哀則哭、及墓、設靈幄、柩至、下棺、乃窆、主人贈、成墳、加灰隔、實土漸築之、祠后土、虞祭、主人以下哭、降神、祝進饌、初獻、亞獻、終獻、侑食、主人以下皆出闔門、祝啓門、主人以下入、辭神、告廟、三月而服除。

改祭儀部份收錄的圖式有：祭饌酌定圖。

據《鏤板考》知，此書乃「朴世采撰，以金長生《喪禮備要》闕冠、昏、祭禮，爲此以補之。首揭圖式，末附後記。義興縣藏利缺印紙三牒二張，關西觀察營藏印紙一牒十四張。」此書另有純祖 12 年（1812）慶尚監營木活字刊本及憲宗 13 年（1847）箕營木活字刊本。

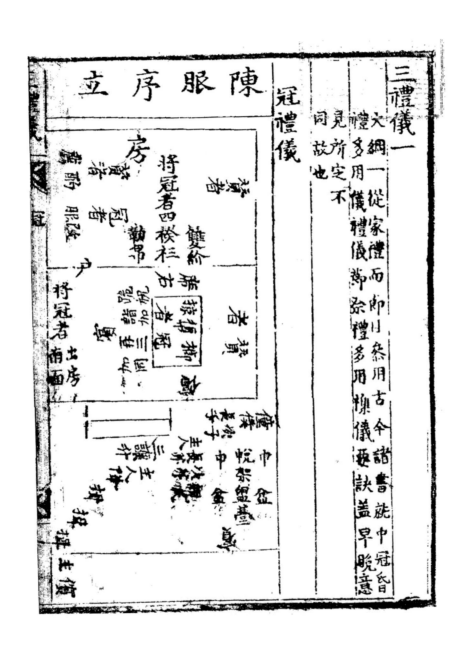

三禮儀一

文綱一從家禮而卽以祭用古今諸書就中冠氏曰
禮多用儀禮儀鄭杂禮多用糅儀要訣蓋旱晚意
覺所定不
同故也

冠禮儀

陳服序立

房

將冠者四楼衫

4、朴世采：《六禮疑輯》

六禮疑輯卷之一 前集

冠禮

　冠昏總論

朱子曰冠禮昏禮不知起於何時如禮記疏說得恁地

不知如何未暇辨得 本禮說 篇

　冠總論

朱子曰經禮三百便是儀禮中士冠諸侯冠天子冠禮

之類此是大節有三百條如始加再加三加又如坐如

尸立如齊之類皆是其中之小目便有三千條或有燮

禮亦是小目 總論禮

〔朝鮮〕朴世采（1631～1695）：《六禮疑輯》，
朝鮮肅宗朝木活字刊本。

是書前集十五卷，後集十二卷，別集六卷，共計三十三卷，裝成二十三冊。四周單邊，半葉框高二十三點六公分，寬十六公分，有界欄，每半葉十行，每行二十一字。版心白口，內向三葉花紋魚尾，全本框高三十三公分，寬二十一點四公分。

表題：「六禮疑輯　前集一」，凡例八則，首卷首行頂格題：「六禮疑輯卷之一前集」，次行低一格題「冠禮」，第三行低兩格題「冠昏總論」，卷末有尾題。

是書卷之一爲冠、昏禮，收錄的條目：冠婚總論、冠總論、天子加元服、皇太子冠、諸侯大夫士冠、喪冠、天子納妃后、親迎、再娶、納后詔、納后值忌月、昏禮不賀、昏不舉樂、皇太子納婦、公侯大夫昏、公主出降、公主拜舅姑、婚喪、娶同姓。

喪禮部份收錄的條目有：卷之一：喪總論、君有疾、君喪、崩薨、含、設銘、大斂、殯、冊禮吉服。卷之二：祠宇先王、未踰年君、君喪服。卷之三：行三年、宅憂亮陰、遺詔短喪、以日易月、喪無二嫡、繼統執喪。卷之四：天子諸侯爲諸親服。卷之五：論居喪吉禮、越紼祭天地、公除祭、發引、合葬、葬不及期、卒哭、禫、喪遇閏月、奔大喪、受吊、受外國吊、職喪、追錫命、奪情。卷之六：謚法、諱法、私親稱號、公族、山陵、改葬、吉禘後祔、碑。

祭禮部份收錄的條目有：卷之七：天地之祭、朝日夕月、禋六宗、方明、明堂、社稷、風師、城隍、山川、旅祭、祈雨。卷之八：雩、蠟、五祀、厲、儺、神祠、淫祀。卷之九：聖賢、釋奠、祭器。卷之十：宗廟、時享、告廟、后妃廟、皇太子及皇子廟。卷之十一：天子皇后及諸侯神主、藏神主制、移廟主、兄弟相繼藏主室、兄弟不合繼位昭穆、兄弟俱封各位稱廟、遭難未葬入廟、殤及無後廟祭、同堂異室原廟祔、昭穆、祧。卷之十二：禘祫。卷之十三：追王、上祀先公、三后并配、追廢先后、還復廢后、追尊本親、功臣配享、宗室助祭、國忌、上陵、祭因國之主、祀先代帝王、奪宗、宗法、公子二宗。

雜禮部份收錄的條目有：堂室、父子異宮、處家、冠服、明衣、寢衣、深衣、赴試、雜儀。

《鏤板考》云：此書乃「朴世采撰，採杜氏《通典》及宋儒禮說，分冠、婚、喪、祭、鄉飲酒、相見禮六類，而仿鄭逑《五先生禮說》，分前後二編，又採東儒禮說爲別編。嶺南觀察營藏印紙三十二牒二張。」

5、朴世采：《家禮要解》

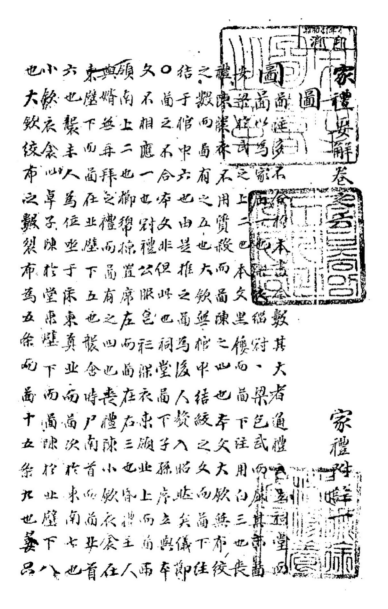

〔朝鮮〕朴世采（1631～1695）（生卒年不詳）：

《家禮要解》，朝鮮肅宗9年（1683）寫本。

　　全書共計十二卷，共計一冊。半葉框高二十六點二公分，寬十八點三公分。四周無邊框，無界欄，每半葉九行，每行約二十一字，註文小字雙行。卷之一至卷之五爲家禮附註，卷之六爲家禮圖、冠禮、卷之八爲婚禮，卷之九至卷之十一爲喪禮、治葬，卷之十二爲祭禮。

　　表題：「家禮要解」，第六卷首行頂格題：「家禮要解卷之六」，首行低十三格題：「家禮附註一」，次行低一格題：「圖」，卷末有後記：「此一書，不待師家而自能紬繹體行，以臻乎誠正修齊之域，蓋亦知要守約之遺法也。其編次曲折各具，凡例中故不得著云。時癸亥（1683）十月某甲潘南朴世采識。」卷末有尾題。

　　喪禮部份收錄的條目有：初終、疾病、遷居正寢、復、承重、奔喪、易服、被髮、治棺、沐浴、襲、奠、爲位、飯含、陳襲衣、靈座、魂帛、銘旌、不做佛事、小斂袒、括髮、免、髽、奠、代哭、小斂、舉棺入、大斂、成服、朝哭、斬衰、齊衰、杖期、不杖期、五月、三月、大功、小功、緦麻、殤服、朝夕哭奠、上食、哭無時、有新物則薦、聞喪、奔喪。

　　治葬、治葬祝文式、擇日開塋域祠土地、穿壙之具、遂穿壙、作灰隔、刻誌石、造明器下帳、笣、筲、甖、大舉、翣、作主、遷柩、朝祖、奠賻、陳器、祖奠、遣奠、發引、及墓、下棺、祠土地、題木主、成墳、乃窆、主人贈、加灰隔內外蓋、祠土地之具、下誌石、題主之具、題主祝文式、題主、成墳、成墳之具、返哭。

　　虞祭、虞祭祝文式、罷朝夕奠、初虞、再虞、三虞、卒哭、卒哭之具、父母亡答人慰疏、父母亡謝人吊賻會葬疏、祔、祔祭之具、小祥、小祥祝文式、大祥、大祥祝文式、禫、吉祭、改題主告辭。

　　祭禮部份收錄的條目有：四時祭、時祭之具、墓祭、墓祭之具、忌祭、忌祭之具。

　　朴世采（1631～1695），字和叔，玄石，潘南人，世稱南溪先生，謚號文純。從金清陰學，博聞篤行，朝野推重，視爲儒宗。朝鮮辛卯年進士，以遺逸仕至左相。年六十五卒，配享肅宗廟庭，享祀文廟。著有《南溪禮說》二十卷、《六禮疑輯》三十餘卷、《範學全編》六卷、《春秋補編》、《南溪外集》、《心經標題》、《心學至訣》、《讀書記》、《朱子大全拾遺》諸書。

6、申湜：《家禮諺解》

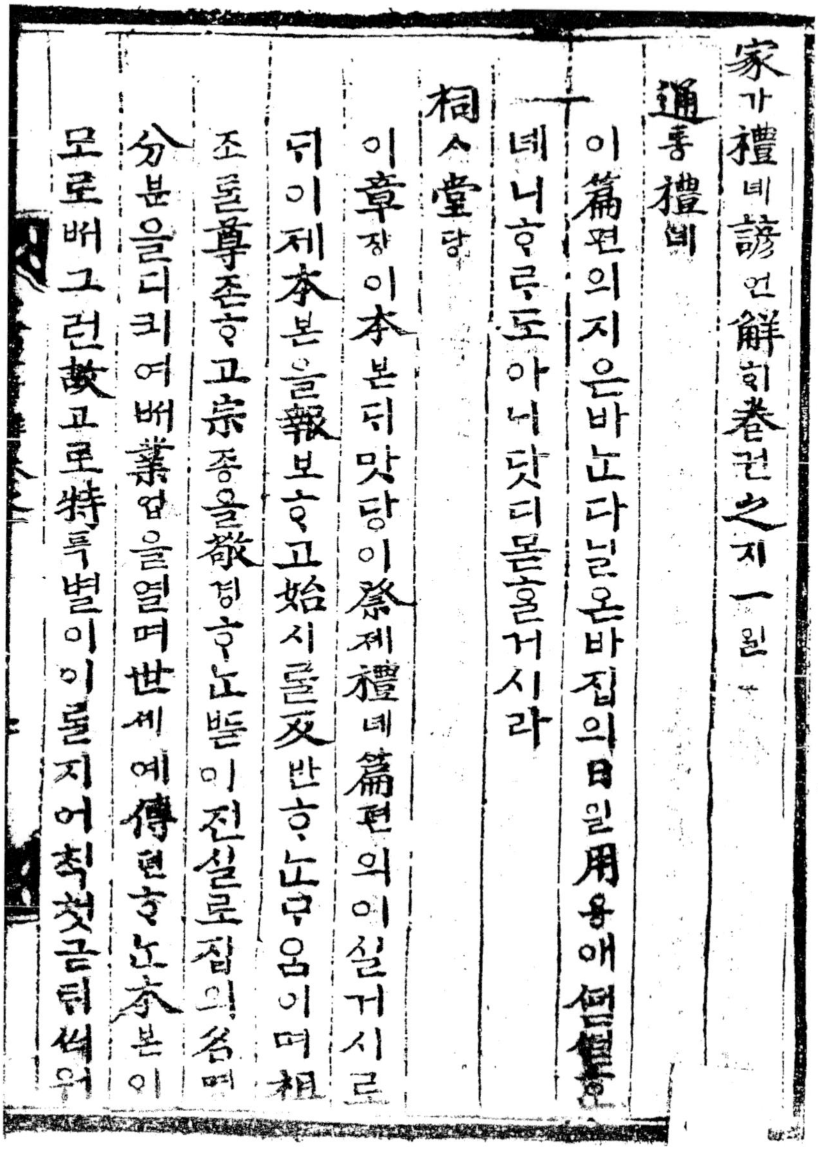
家가禮녜諺언解ᄒᆡ卷권之지一일

通통禮녜

이篇편의지은바ᄂᆞᆫ다ᄂᆞᆯ온바집의日일用용애떳떳ᄒᆞᆫ

녜니ᄒᆞᄅᆞ도아니ᄒᆡ디몯ᄒᆞᆯ거시라

祠ᄉᆞ堂당

이章장이本본ᄃᆡ맛당이祭제禮녜篇편의이실거시로ᄃᆡ

ᄃᆡ이제本본을報보ᄒᆞ고始시ᄅᆞᆯ反반ᄒᆞᄂᆞᆫᄆᆞ음이며祖

조ᄅᆞᆯ尊존ᄒᆞ고宗종을敬경ᄒᆞᄂᆞᆫᄠᅳᆮ이진실로집의名명

分분을디킈여배業업을열며世셰예傳뎐ᄒᆞᄂᆞᆫ本본이

모로배그런故고로特특별이이ᄅᆞᆯ지어칙첫근ᄃᆡ써워

〔朝鮮〕申湜（1551～1623）：《家禮諺解》，
朝鮮仁祖 10 年（1632）原城木活字刊本。

全書共計四冊，遺第一冊，第二至第四冊闕，書中配插圖。四周單邊，半葉框高二十四公分，有界欄，寬十七公分，每半葉十行，每行二十四字，註文小字雙行。版心白口，上下三葉花紋魚尾，版心上端題「家禮諺解」卷次，下方記葉次。全本框高三十二點二公分，寬二十點七公分，天頭處有諺文批註。

表題：「家禮諺解」，凡例九則，凡例後有牌記：「崇禎壬申原城開刊」，卷末有尾題及尤庵宋時烈跋文。

圖式部份收錄有二十八圖：家廟之圖、祠堂之圖、深衣前圖、深衣後圖、著深衣前兩襟相掩圖、裁衣前法、裁衣後法、深衣冠履之圖、行冠禮圖、昏禮親迎之圖、衿鞶篋笥椸楎圖、小斂圖、襲含哭位之圖、大斂、喪服式圖、冠絰絞帶圖式、斬衰杖履圖、齊衰杖履圖、喪舉之圖、本宗五服之圖、三父八母服制之圖、妻為夫黨服圖、外族母黨妻黨服圖、神主式、櫝式、尺式、大宗小宗圖、正寢時祭之圖、每位設饌之圖。

卷一為通禮祠堂、深衣制度、司馬氏居家雜儀；

卷二為冠禮：冠、筓；

卷三為昏禮：議昏、納采、納幣、親迎、婦見舅姑、廟見、婿見婦之父母；

卷四為喪禮二十六條：初終、沐浴襲、奠、為位、飯含、靈座　魂帛　銘旌、小斂袒、免髽　奠　代哭、大斂、成服、朝夕哭奠上食、弔奠、賻、聞喪奔喪、治葬、遷柩朝祖、奠、賻、陳器、遣奠、發引、及墓下棺、祠后土、題木主成墳、虞祭、卒哭、祔、小祥、大祥、禫、居喪雜儀、致賻奠狀、謝狀、慰人父母亡疏、父母亡答人慰疏、慰人祖父母亡啓狀、祖父母亡答人啓狀；

卷四收祭禮七條：四時祭、初祖、先祖、立春祭先祖、禰、忌日、墓祭。

申湜（1551～1623），字叔止，號用拙齋，為申叔舟第五代孫，朝鮮高靈人。師從退溪先生李滉，官至司憲府執義與慶尚道安撫御史，1599 年曾作為朝天謝恩使來到中國，後追贈為吏曹判書，為朝鮮著名的性理學家，著有《疑禮考證》、《家禮諺解》。《陶山及門諸賢錄》說申湜：「尤用力於禮學，博考旁搜，分類編摩，為若干卷。晚喜讀《易》，潛思默誦，日有新得，揭『天鑑孔昭』四字于壁，常寓對越之意。宣廟嘗有言申某拙，公以為知臣莫如君，因以拙自居。」

7、眞一：《釋門家禮抄》

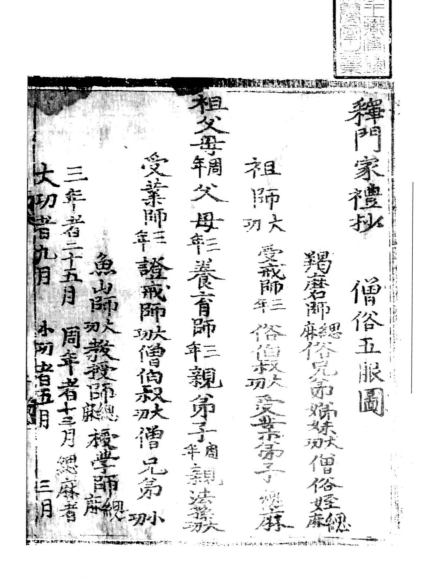

〔朝鮮〕眞一（生卒年不詳）：《釋門家禮抄》，
朝鮮顯宗 2 年（1660）木活字刊本。

　　全書不分卷，共一冊，四十四張，分上、下篇。四周單邊，半葉框高十七公分，寬十四公分，有界欄，每半葉八行，每行十六字，註文小字雙行。版心粗黑口，內向二葉花紋魚尾，全本框高三十公分，寬二十公分。

　　表題：「釋門家禮抄」，序：「大明崇禎丙子（1636）八月中浣懶庵眞一謹序」，跋：「順治十七年（1660）庚子二月日間慶衰奉鷹」。正文首行頂格題：「釋門家禮抄」，同行低六格題：「僧俗五服圖」。

　　全書收錄的條目有：本宗五服寸數圖、奠□節次、龕無□□圖、名旌書規、大宗師、念佛人、坐禪人、判事人、學道人、平常人、哭、行吊、受吊、奔喪、葬法、闍維、舍利、立塔、銘、疑是奪前岡價者、忌日、疏子、吊書法、吊人父母亡、吊人師伯叔兄弟小師□、慰書法、慰人師亡、答書、慰人父母亡、慰人□叔兄弟、慰人小師、祭文式樣、將入龕祭文、入龕柩畢祭文、到山□將茶毗時祭文、入塔祭文、大宿夜祭文、晦朔節敘祭文、大小祥祝文、身在遠地和尚哀訃至祭文、在遠犇喪靈席告祭文、和尚祭小師文、父母喪祖奠祭文、名旌書規。

　　明照又錄有《僧家禮儀文》，鷄龍山岬寺木活字刊本。全書一冊，共十六張，書中插圖。四周單邊，半葉框高十八點七公分，寬十四點八公分，有界欄，每半葉八行，每行十五字，註文小字雙行。版心白口，反向二葉花紋魚尾，全本框高二十四點七公分，寬十八點九公分。

　　表題：「僧家禮」，正文頂格題：「僧家禮儀文」，次行低二格題：「名旌書規」，第三行低一格題：「大宗師」。文末有一行刊記：「慶尙道八公山佛掘寺居功德大化師道性，忠清道公州地鷄龍山岬寺開刊，《僧家禮》、《方通曆》并刊」。

　　書中收錄的條目有：名旌書規、大宗師、念佛人、坐禪人、判事人、學道人、平常人、喪禮奠祭節次、身體發引時行立規、次咽導引麩唱十二佛號、玉方佛請書規、南無阿彌陀佛〈書之青幡〉、南無阿彌陀佛〈書之赤幡〉、南無阿彌陀佛〈書之白幡〉、南無阿彌陀佛〈書之黑幡〉、南無阿彌陀佛〈書之黃幡〉、無常戒偈〈造長幡寫之〉、消身處置水器法、碎骨法、僧喪服圖、次送葬時禁斷規。

　　寶林寺有重刊《釋家喪文》寫本，全書不分卷，共一冊，無界欄，每半葉十一行，每行二十八字左右，無魚尾，半葉框高二十九點五公分，寬十八公分。

表題：「釋家喪文」，卷末有牌記：「寶林寺重創記」。

其中條目有：先打鐘三下、設使者飯、剃頭、洗浴一如茶昆文、次身體入龕、祭物排設、次則左邊掛之設壇、置香火燈燭、次名旌、朝夕祭、奠祭、身體發引時行立規。

僧家喪禮文部份收錄條目有：念佛人、平常人、喪禮奠祭節次。軸文式部份收錄的條目有：茇行軸、破殯軸、返鬼軸、晦朔節序文、大小祥軸、碎骨法、五方佛行書規、無常偈。吊狀式部份收錄的條目有：喪人答狀、大祭節次、送葬時禁斷規、亡母疏、重建疏、薦父疏、亡師疏、通用尊師靈飯、表白、送魂、靈飯式、次安座眞言、彌陀會通請入次、僧家別祝〈破殯、就輿、發引、到山所、返魂、致祭〉、薦父疏、薦母疏、袈裟疏。

身體發引時行立規部份有細目：降魔令一雙、直通行一雙、厹本源一雙。先立威儀龍旗一翼、扇一雙、鳳扇一雙、翌蓋一雙、圓扇一雙、毛鞭一雙、拂子一雙、次立顧佛輦、次引路幡、次立挽詞幾雙、次昆布、次名旌、次立香亭子、次次行立、次葬司僧領誌人分列靈龕左右後魚山，打鐘三下，茶昆法師振鈴云，某人靈駕。

澄光寺又刊《釋門喪儀抄》，孝宗9年（1657）木活字刊本。每半葉十行，每行十六字，版心白口，上下相對黑魚尾，版心中端題「喪儀　上、下」，下端記葉次。全書不分卷，分上下兩篇，首卷首行題「釋門喪儀抄上篇」。

全書收錄的條目有：僧五服圖、龕柩孝堂圖、哭、祭奠、行吊、受吊、奔喪、葬法、闍維、舍利、立塔、銘、忌日、疏子、吊書法、吊人父母亡、吊人師伯叔兄弟小師□、慰書法、慰人師亡、答書、慰人父母亡、慰人□叔兄弟、慰人小師、祭文式樣、將入龕祭文、入龕柩畢祭文、到山□將茶毗時祭文、入塔祭文、大宿夜祭文、晦朔節敍祭文、大小祥祝文、身在遠地和尚哀訃至祭文、在遠犇喪靈席告祭文、和尚祭小師文、父母喪祖奠祭文、名旌書規。

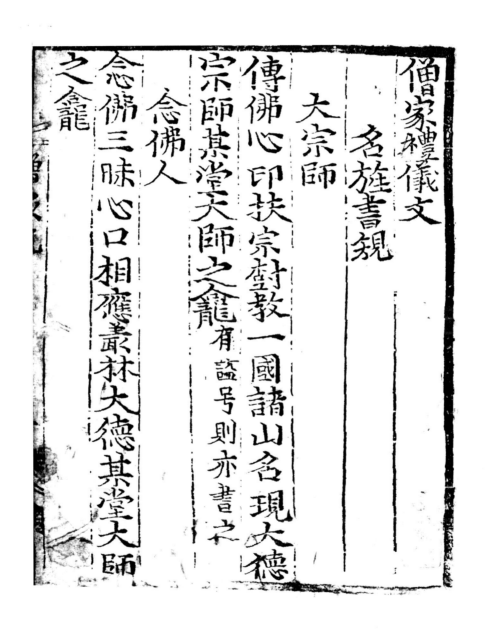

韓國國立中央圖書館藏雞龍山岬寺木活字本《僧家禮儀文》。

僧家喪禮文

傳佛心印扶宗樹教一國諸山名剎奉爲某堂大師之龕　有謚号則名書之
居新字處　大宗師

念佛人
念佛三昧心口相應兼林大匡某堂大師之龕　右　坐禪人

叅祥括句晚洒衲僧山中頌德某大師之柩　右　判事人

孤頌僧風不達䂓繩名覬判事某大師之柩　次下孚道人

奉佛遺囑禪教無謗一國诸山名覬山人某大師之柩

平常人
削剃髮栖雲㝎师學道清㒵初子某人之柩

喪禮貢祭節次

凡人臨滅之時後先打鍾三下設使者飯剃頭洗浴事一如茶毗文

韓國國立中央圖書館藏寶林寺寫本《釋家喪文》。

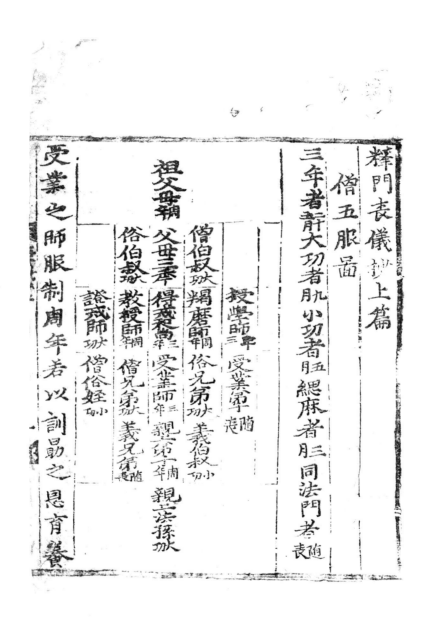

韓國國立中央圖書館藏澄光寺刊孝宗 9 年（1657）
木活字本《釋門喪儀抄》。

8、權綠：《五服便覽》

五服便覽卷之一

本宗五服

高祖父母　齊衰三月　繼高祖母及所後高祖父

母所後繼高祖母並同　要大功條引鄕氏及張子　愚按沙溪金先生喪禮備

月服數閏之說既丟月服亦當數閏者數也　○嫡孫父若祖曾

祖卒承重者為高祖父斬衰三年

衰三年　為繼高祖母同　為所後高祖父母所

後繼高祖母承重者並同　○高祖父在為高祖母

止服杖期申心喪三年　為繼高祖母同　所後

高祖父在為所後高祖母及繼高祖母並同　要齊夾備

〔朝鮮〕權綠（1658～1731）：《五服便覽》

朝鮮肅宗26年（1680）離隱時舍坊刻木活字本。

全書共計七卷，裝成四冊。四周雙邊，有界格，半葉框高二十一點五公分，寬十五點六公分，每半葉十行，每行二十字，註文小字雙行。版心白口，內向二葉花紋魚尾，版心中端題「五服便覽」卷次，下端記葉次。全本框高三十點六公分，寬十九點二公分。

表題：「五服便覽」，序：「歲乙丑之仲冬南至日坡山尹罢重書于離隱時舍」、自敘、凡例十則，卷末有尾題。

卷之一收錄之條目有：本宗五服、祖免親制、稅服、宗子服、宗子殤服、三父服、從繼母嫁父服、同母異父兄弟服、八母服、三殤降服、外黨服、堂舅堂姨祖免制、為人後者為所後外親服、為人後者為本生外黨降服、庶子為父後者為其母黨服、庶子為嫡母黨服、出母之子為繼母黨服、出妻之子為其母黨服、妻黨服、夫黨服、出嫁女為本宗降服、妾為君黨服、兩妾相為服、君為私親服、君為妾服、為人後者為本宗降服、本生喪內出後者小期告辭、出後者卻還為本父服儀、本宗為為人後者降服、為人後者為所後諸親服、父在母喪、侍養心喪、失親權制、失夫、童子服、同爨服、師服、官師服、舉主服、門生服、受吊儀、朋友服、侍者為其主服、官吏為守令服、為為僧者服、刑死者服議、五服年月取象義、喪服名義、五服年月歷代沿革。

卷之二收錄之條目有：初喪變服、服人去冠之失、飯含時變服、小斂時變服、憑尸後變服、婦人首絰說、遷尸後變服、服人變服、古禮婦人髻制難行說、免制繞髻加巾從違說、痼疾變服、祖免親變制、斬衰喪不用麤布之失、斬衰絰帶用骨麻之失、大斂時變服、成服、病中成服處變、追成服、喪家患染族人先行成服、溺水死者成服、赴燕死者成服、服人製衰成服、成服日括髮之失、大斂日成服之失、待朝奠成服之失、成服日朝奠行祭之失、冠絰纓不結之失、絞帶內帶之失、衰服稱祭服之失、已成之服中改之失、婦人服制、偕喪成服、偕喪持服、偕喪加服之失、幼喪追服之非、服制式暇、親重喪遭服、聞喪儀、奔喪儀、父喪中奔母喪儀、母喪中奔父喪儀、父母喪中奔祖喪儀、未奔喪儀、婦人奔喪儀、婦人未奔喪儀、婦人既成服奔喪儀、男子既成服奔喪儀、既葬奔喪儀、既練奔喪儀、既除喪歸哭儀、當室童子奔喪儀、奔長子喪儀、途中聞喪儀、闕中聞喪、場中聞喪、獄中聞喪、謫中聞喪、軍中聞喪、變師聞喪、在戰陣騎驛奔哭疑難、在他國聞喪儀、與公祭聞喪儀、齊衰以下聞喪儀、齊衰以下奔喪儀、齊衰以下未奔喪儀、出後者奔私喪儀、出妻之子奔出母及嫁母喪儀、出嫁女奔私喪儀、奔侍養喪儀、齊衰以下月朔會

哭及除服儀、齊衰以下除服後歸哭儀、服人持服說、齊衰以下途中聞喪儀、直中聞喪、獄中聞喪、與公祭聞喪儀、有殯聞外喪儀、有殯奔外喪儀、遠兄弟喪除喪後聞喪儀、降而無服喪儀、師喪儀、朋友喪儀、爲妻之昆弟爲父後者哭儀、爲爲僧者聞喪奔喪及未奔喪哭儀、爲僧者奔喪成服儀。

卷之三收錄之條目有：居喪本雜儀、哀戚之節、無屬之節、動作之節、言語之節、容貌之節、居喪續雜儀、內外喪次、寢處殯宮之失、嚴防閑、服人內御及居處、哭泣之節、受吊之節、往吊之節、親知吊哭儀、吊者服色、酒肉樂變節、杖有無大小及與祭扛輴諸節、敬喪服、疏狀式、訃書、致賻奠狀、謝狀、門狀、慰人父母亡疏、慰爲人後者本生喪狀、慰人祖父母亡狀、祖父母亡答人啓狀、父母亡答人慰疏、朱子喪中答尤尙書慰疏、爲人後者答本生喪慰疏、八母喪慰答稱號擬式、慰外家及同宗侍養喪狀、外家及同宗侍養喪答人慰狀、慰人師喪書、慰儒賢師喪擬式、師喪答人慰疏、父母亡請挽詞小箚復書、儀節擬祖父母父母亡謝人吊會葬疏、吊祭文式。

卷之四收錄之條目有：居喪續雜儀、節哀、飲食之節、老病從權並君命、行步之節、言公事、謀家事、勉行喪禮、無改、葬前不親奠酌、上食及祭奠行廢、並有喪成服上食行廢、喪中死者葬前用素饌、祭品循俗之失、拘忌廢祭之失、祭先服色、出入服色、謹出入、服人出入、服人飲食之節、期功服色、服中歸家、期喪送葬參祭諸節、朔望謁廟出入拜辭諸節、服人成服前晨謁行廢及服色、廬墓議、辭受處變、行者佃漁、有喪服者不可與人之祭、喪家待賓之節、通論、喪具。

卷之五收錄之條目有：居喪續雜儀、祖父母喪雜儀、立後者追喪雜儀、父在母喪雜儀、出後者私喪雜儀、舅姑喪雜儀、出嫁女私喪雜儀、養父母喪雜儀、侍養父母喪雜儀、嫁母出母喪雜儀、慈母喪雜儀、妾母喪雜儀、無子庶母喪雜儀、無後兄弟喪雜儀、妻喪雜儀、夫喪雜儀、妾喪雜儀、妾君喪雜儀、外祖父母喪雜儀、長子喪雜儀、無子喪雜儀、殤喪雜儀、師喪雜儀、朋友喪雜儀、降而無服喪雜儀、謫中居喪儀、刑死者雜儀、服中赴舉之失、服人參宴樂之失、服人參謁官長及服色、服人國恤中出入持服處變、親喪避染疫處變、處父母兄弟之仇、師友禍變處義、哀有喪、讀書、講學、做詩文之失、雜戲之失、刑杖之失、家喪之失、取利之失、營造之失、別籍之失、從軍、拜疏、就訟、啓殯變服、朝祖變服、卒哭變服、偕喪葬服、遠葬者反哭服色、衰不補完、喪中死者衰服處變。

　　卷之六收錄之條目有：居喪續雜儀、小祥變除、大祥變除、禫祭變除、吉祭變服、餘哀、當室孤子服色、久不葬居喪儀、家廟火變服、晨謁及朔望參服色、時祭服色、忌祭服色、墓祭服色、改葬服、改葬持服、改葬居喪儀。

　　卷之七收錄之條目有：古禮君服、君爲諸親服、五禮儀君喪舉哀成服儀、五禮儀君服、庚子國恤改定服制節目、庚子國恤練服變除節目、世子喪舉哀及成服儀、世子服、國恤禁制、國君改葬服、公私偕喪處變、公私偕喪變除、冠遇喪處變、昏遇喪處變、祭遇喪處變。

　　權絿（1658～1731），字汝柔，號灘村，又號景魯齋，朝鮮安東人，師從明齋先生尹拯。權氏曾以《便覽》一書奉質於明齋先生，先生閱畢以爲：「禮者，切於彝倫日用，宜先加講究，今此書考據該博，論說精詳，許以嗜禮，勉其卒業。」龜川先生李世弼閱《便覽》一書更歎曰：「是發沙翁《備要》之未及發者。」農隱先生亦曾說：「家兄（尹拯）門下自閔彥暉後，講禮學者鮮，今幸得汝柔一人也。」

9、申湸：《五服通考》

五服通考卷之一

本宗服

喪服圖式本宗服圖云姑姊妹女子子在室厮與男子同○嫁及亦同○適人無主者亦同

父母

古者至親以期斷爲使倍之加隆三年　禮記

儀禮喪服經父正服斬衰三年　父卒則爲母降服

齊衰三年　升四○傳雜記大夫爲其父母兄弟之未

爲大夫者之喪服如士服士爲其父母兄弟之爲大

夫者之喪服如士服大夫之適子服大夫之服大夫

〔朝鮮〕申湸（1561～？）：《五服通考》，
朝鮮肅宗 6 年（1680）木活字刊本。

全書共計九卷，分爲上下兩冊。四周雙邊，有界欄，每半葉十行，每行二十二字，註文小字雙行，版心白口，上下兩葉花魚尾，版心上端題「五服通考」卷次，下方記葉次，象鼻上端記各卷條目，如「本宗」。

表題：「五服通考　上」，首卷首行題：「五服通考卷之一」，次行第一格題：「本宗服」，卷末有跋文：「天啓乙丑五月上浣高靈申湸跋」、「庚申十二月下浣不肖孫瀞謹識」，及尾題。

上卷收錄的條目有：本宗服〈卷之一，父母、在室女爲父母、祖在爲父母、父在爲母、庶子爲生母、祖父母、繼祖母、嫡孫爲祖父母、祖在爲祖母、曾祖父母、嫡孫爲曾祖父母、繼曾祖母、高祖父母、嫡孫爲高祖父母、繼高祖母、長子、長子妻、眾子、眾子妻、女、出嫁女〉、爲人後者爲所後諸親服、三殤服〈卷之二〉、三父八母服〈卷之三〉、外親服〈卷之四〉、嫡母族服、繼母服。下卷收錄的條目有：夫黨服〈卷之五，夫、舅姑、繼母、嫡母、祖父母、嫡父爲祖父母、曾祖父母、嫡婦爲曾祖父母、高祖父母、嫡婦爲高祖父母、嫡孫、嫡孫妻、兄弟、兄弟妻、姊妹、伯叔父母、兄弟之子、兄弟之妻、兄弟之女、堂兄弟、堂兄弟妻、堂姊妹、從祖祖父母、從祖祖姑、侄孫、侄孫妻、侄孫女、出嫁侄孫女、從祖父母、從祖姑、堂侄、堂侄妻、堂侄女、出嫁堂侄女、族曾祖父母、族曾祖姑、族曾祖孫、曾侄孫女、再從兄弟、再從姊妹、族祖父母、族祖姑、從侄孫、從侄孫女、族父母、族祖姑、再從侄、再從侄女、三從兄弟、三從姊妹、外祖父母〉、妾爲家長族服〈舅、從母、庶母、家長父母、妾爲君、女君、家長長子、家長眾子〉、爲人後者夫族服〈所後舅姑、本生舅姑、所後祖父母、所後曾祖父母〉、出嫁女爲本宗服〈卷之六，父母、祖父母、曾祖父母、高祖父母、兄弟、兄弟妻、姊妹、伯叔父母、姑、兄弟之子、兄弟子妻、兄弟之女、堂兄弟、堂姊妹、從祖祖父母、從祖祖姑、侄孫、從祖父母、從祖姑、堂侄、堂侄女〉、妾爲私親服、爲人後者爲本宗服、本宗爲出繼子服、妻親服、妾親服〈卷之七〉、臣爲君服〈卷之八〉、君爲臣服、君爲諸親服、五服外。

據《鏤板考》云：「《五服通考》九卷，本朝黃海道觀察使申湸撰。涌之初名也，上自儀禮，下訖麗季，凡論五服之制者，蒐羅彙輯，著其沿革。五服之外，並及五世祖免、同爨、改葬、師友、舉主，郡縣吏爲其守令，僕隸爲其主之服，凡三十一目。星州雙溪寺藏印紙四牒六張。」

10、李瀷：《星湖先生家禮疾書》

星湖先生疾書 家禮

圖

家禮圖多與本文不合且主式有大德年間之說則以爲後人之作者是矣如潘時舉嘉定癸酉之識豈與家禮相干耶

按祭法曰考廟曰王考廟曰皇考廟曰顯考廟疏云考廟者父廟也王考廟者祖廟也皇考廟者曾祖廟也顯考廟者高祖廟也今主式高祖上加顯字以高祖則或可也而何於曾祖以下也今畫式以家禮舊本用皇字爲言然家禮此條出於程氏主式而本

〔朝鮮〕李瀷（1681～1763）：《星湖先生家禮疾書》，
朝鮮未知年代寫刻本。

全書共計三卷，裝成天、地、人三冊，半葉框高二十七釐米，寬十九點四釐米，四周雙邊，有界格，每半葉十行，每行二十字，註文小字雙行，版心白口，無魚尾。

表題：「家禮疾書　天」，序：「辛亥二月識」，首卷首行題「星湖先生疾書　家禮」，次行低一格題「圖」，卷末有尾題。

通禮部份收錄的條目有：通禮、祠堂、君子將營宮室節、爲四龕節、旁親班祔節、置祭田節、具祭器節、主人晨謁節、出入必告節、正至朔望參節、俗節獻時食節、有事則告節、或有水火盜賊節、深衣或用白細布節、方領節、曲裾節、黑緣節、大帶節、緇布冠節、幅巾節、黑履節。

喪禮部份收錄的條目有：初終疾病遷居正寢節、復章、立喪主節、主婦節、治棺節、執事者設幃節、陳襲衣節、沐浴飯含之具節、乃沐浴節、襲節、置靈座設魂帛節、立銘旌節、不作佛事節、摯友親厚之人入哭節、小斂厥明節、具括髮麻節、設小斂牀節、乃遷襲奠節、遂小斂節、主人夫婦憑屍節、祖括髮節、還遷屍牀節、乃奠節、大斂厥明節、執事者陳大斂衣衾節、乃大斂節、設靈牀節、乃設奠節、主人以下各歸喪次節、成服節、成服之日節、朝夕哭奠上食朝奠節、食時上食節、夕奠節、朔日節、有新物節、吊奠賻用香茶節、具刺通名節、入哭奠節、聞喪奔喪節、治葬節、窆節、作主節、發引前一日回朝奠以遷柩告節、朝祖節、遂遷於廳事節、親賓致奠賻節、陳器節、日晡時設祖奠節、厥明遷柩就舉節、乃設遣奠節、祝奉魂帛升車節、柩行節、主人以下男女哭步從節、尊長次之節、親賓設幄節、及墓節、親賓次節、遂設奠節、主人男女各就位哭節、賓客拜辭節、乃窆節、主人贈節、加灰隔內外蓋節、實以灰節、祠后土節、下誌石、題主節、祝奉神主升車節、執事者徹靈座節、墳高四尺節、反哭節、主人以下哭於廳事節、遂詣靈座前哭節、期九月之喪者節、虞祭、執事者陳器節、祝出神主於座節、祝啓門節、祝埋魂帛節、罷朝夕奠節、卒哭、詣祠堂節、敘立節、參神節、祝進饌節、小祥、三獻節、止朝夕哭節、大祥、告遷於祠堂節、徹靈座節、禫、居喪雜儀、致賻奠狀、慰人父母亡疏、父母亡答人慰疏、祖父亡答人啓狀。

李瀷（1681～1763），字子新，號星湖，朝鮮京畿道驪州人，生於朝鮮肅宗7年，卒於朝鮮英祖39年。李氏朝鮮後期哲學家、實學派代表人物，終身不仕，從事學術研究，著有《星湖僿說》、《星湖文集》、《藿憂錄》。

11、李象靖：《決訟場補》

決訟場補卷之一

總論

喪禮

朱子行狀先生病革門人問溫公喪禮曰疏略問儀禮
頜之門人治喪者一以儀禮從事○言行錄諸生入問
疾因請曰萬一不諱當用書儀乎先生搖首然則當用
儀禮乎亦搖首然則以儀禮書儀參用之乎乃頜之良
久恬然而逝○答廖子晦書曰所諭禮文此等事平昔
不曾講究一朝迷又不暇問所以例多苟簡不滿人
意然喪與其易也寧戚但存其大節使不失吾哀痛之
誠心為急此等雖不備亦不得已也○李守約問喪禮
制度節目曰恐怕儀禮也難行如朝夕奠葬時事尚

〔朝鮮〕李象靖（1711～1781）：《決訟場補》，
日本昭和3年（1928）木活字刊本。

全書共計十卷，裝成五冊。四周雙邊，半葉框高二十點一公分，寬十四點七公分。有界格，每半葉十一行，每行二十四字，註文小字雙行同，版心白口，內向兩葉花魚尾。版心上端題：「決訟場補」各卷卷次，下方記葉次，天頭處有墨筆批註。全本框高三十點三公分，寬十九點五公分。

表題：「決訟場補」，序：「歲丙寅（1926）孟春之上旬後學昌山曹克燮謹序」，識：「癸未暮春孫男秉遠謹識」，首卷首行題：「決訟場補卷之一」，次行低一格題：「喪禮」，跋：「柔兆攝提格（丙寅，1926）白露節後學聞韶金澄模謹書」，卷末有尾題及刊記。

是書卷之一至卷之七爲喪禮，收錄的條目有：初終、既絕乃哭、復、立喪主、易服、治棺、沐浴、襲、徙尸牀置堂中間、設奠、主人以下爲位、飯含、靈座、立銘旌、不作佛事、親厚入哭、小斂、設奠、代哭、大斂、留兩婦人守之、途殯、設靈牀、成服、斬衰三年、齊衰三年、并有喪、齊衰杖期、齊衰不杖期、齊衰五月、齊衰三月、大功九月、小功五月、緦麻三月、童子服殤服師友服、五服總論、朝夕哭奠、食時上食、朔奠、弔、賵、聞喪、奔喪、居喪雜儀、治葬、擇日開塋域祠后土、遂穿壙、作灰隔、翣、作主、遷柩、朝祖、遷於廳事、陳器、功布、挽幛、祖奠、遣奠、發引、駐柩而奠、及墓、贈玄纁、偕葬、合葬、返葬、旅葬、久不葬、渴葬、招魂葬、改葬、題主、成墳、廬墓、返哭、虞祭、卒哭、祔、小祥、大祥、禫、吉祭、國恤。

卷之八爲祭禮，收錄的條目有：祭儀、陳饌、祭田、祭器、祭服、時祭、忌祭、墓祭。

卷之九至卷之十爲通禮，收錄的條目有：宗法、廟制、班祔、別室藏主、遞遷、不遷之位、晨謁、參、薦新、俗節、有事告、祠堂禍變、雜儀、別廟祠院、深衣、冠禮、婚禮。

李象靖（1711～1781），字景文，號大山，韓山人，歷任兵曹參知、禮曹參知、刑曹參議等職，諡號文敬，著有《退溪書節要》、《敬齊箴集說》、《理氣彙編》、《制養錄》、《約中篇》、《屏銘發揮》、《決訟場補》等書。其孫李秉遠在輯錄《決訟場補》一書時曾說此書：「就平日所與知舊門人之往復辯論者，雅言庸行之散出記載者，并加抄出，隨類附見，欲使先生論禮之語，合作一統，便於究觀，蓋出於從先祖之意也。是編出於守制，故首揭喪禮、冠婚二禮略而不詳，要之爲未成書，而《常變通考》東巖柳公既加采輯，以廣其傳，故今只存先生之舊篇目，亦用『決訟』初名，以示禮不忘其初之意，附見諸條，并加『補』字，以存識別，爲家間承用之禮。」

決訟塲補卷之一

喪禮

朱子行狀先生病革門人問溫公喪禮曰踈畧問儀

禮頥之門人治喪者一以儀禮従事○言行録諸生

八問疾目請曰萬一不諱當用書儀于先生搖首然

則當用儀禮乎亦搖首然則以儀禮書儀參用之乎

乃頷之良久怡然而逝○荅廖子晦書所曰喻禮文

此等事平昔不曾講究一朝荒迷又不暇問所以例

多苟簡不滿人意然喪與其易也寧慼但存其大節

使不失吾哀痛之誠心為急此等雖不備亦不得己

韓國國立中央圖書館藏，未知年代寫刻本《決訟塲補》。

12、李震相：《四禮輯要》

四禮輯要卷之一

通禮

祠堂　按古之廟制不見於經宋仁宗時嘗詔聽
廟於西京他人則只是影堂而已朱夫子必以
祠堂章冠之於篇首者槩以報本反始之心尊
祖敬宗之意必先立乎祠堂然後人家百禮莫
不由是而生焉故特著此以為開業傳世之本

爾云

祠堂太子必傅以上皆立家廟而惟文潞公立

君子將營宫室立祠堂於正寢之東　祠堂之制三

間外為中門中門外為兩階又為遺書衣物祭器

庫及神廚於其東若家貧地狹則止立一間不立

廚庫而東西壁下置兩櫃西藏遺書衣物東藏祭

祠堂

〔朝鮮〕李震相（1818～1886）：《四禮輯要》，
朝鮮英祖21年（1745）木活字刊本。

全書共計六卷，裝成兩冊。四周雙邊，半葉框高二十點七公分，寬十六公分，有界線，每半葉十行，每行二十字，註文小字雙行。版心白口，內向二葉花紋魚尾，版心上端題「四禮輯要」各卷卷次，下端記葉次，全本框高三十一點三公分，寬二十點五公分。

表題：「四禮輯要　上」，序：「崇禎甲申後百有一年月日永嘉權萬斗書」。卷六後爲引用書目及柳庭鎬跋文，首卷首行題：「四禮輯要卷之一」，次行低一格題：「通禮」，第三行低兩格題：「祠堂」，下方書註文小字。

全書卷之一爲通禮、卷之二爲冠禮、卷之三爲婚禮，卷四至卷之六爲喪、祭禮，收錄的條目有：初終、疾病遷居正寢、既絕乃哭、復、乃易服不食、立喪主、主婦、護喪、司書司貨、治棺、訃告于親戚僚友、掘坎、陳襲衣、乃沐浴、設冰、襲、遷尸堂中、主人以下爲位哭、乃飯含、置靈座設魂帛、立銘旌、不作佛事、摯友親厚之人至是入哭、設奠、具括髮麻免髽麻、設小斂牀布絞衾、乃遷襲奠、遂小斂、乃大斂、成服、喪服制度、五服布、冠梁、衣、袂、辟領、加領、袷、帶下尺、衽、衰、負版、補大功以下無衰負版辟領、裳、中衣、孝巾、首経、腰経、絞帶、杖、屨、方笠、婦人喪服、首経腰経、絞帶杖、補兼服包特之制、大袖、長裙、蓋頭、布頭巾、竹木簪、童子喪服、侍者喪服、五服制度〈斬衰、齊衰、大功、小功、緦麻、正服、義服、加服、降服〉、斬衰三年、齊衰三年、齊衰杖期、齊衰不杖期、齊衰五月、齊衰三月、大功九月、小功五月、緦麻三月、心喪三年、國恤中遭私喪成服、朝夕哭、朝夕奠、食時上食、慰人父母亡疏、慰人祖父母亡啓狀、祖父母亡答人啓狀、聞喪、奔喪、國恤禮、喪祭異儀、陳設圖、初虞、埋魂帛、再虞、三虞、並有喪行虞、攝主諸節、卒哭、祔祭、祔祭總論、紙榜行祔、尊者主祔、祔祭攝行、并有喪祔祭、祔祭退行、小祥、變除之節、代服之節、練喪通用、臨祭遇喪、並有喪諸節、攝主諸節、練祥退行、追喪者練祥、過期不葬者練祥、兩祭相值、大祥、祔廟、祔變禮、并有喪大祥、大祥後諸節、禫祭、有無禫總論、退禫諸節、吉祭、吉祭總論、改題之節、並有喪吉祭、埋主、遞遷、長房有故次房權奉、長房有故仍奉宗家、別廟、喪祭祝式。

李震相（1818～1886），字汝雷，號寒州，星州人，受學於叔父凝窩先生李源祈和定齋先生柳致明，繼承退溪之學統。著有《理學綜要》、《求志錄》、《四禮輯要》等書。

13、鄭重器：《家禮輯要》

家禮輯要卷之一

通禮

祠堂

君子將營宮室先立祠堂於正寢之東

祠堂之制三間外為中門中門外為兩階皆三級東曰阼階西曰西階階下隨地廣狹以屋覆之令可容家眾

敘立又為遺書衣物祭器庫及神廚於其東繚以周垣

別為外門常加扃閉若家貧地狹則止立一間不立廚庫而東西壁下置立兩櫃西藏遺書衣物東藏祭器亦

可祠堂所在之宅宗子世守之不得分析〇凡屋之制不問何向背但以前為南後為北左為東右為西

〔朝鮮〕鄭重器（1685～1757）：《家禮輯要》，
朝鮮英祖 28 年（1752）木活字刊本。

　　全書共計七卷，裝成三冊。四周單邊，半葉框高二十二公分，寬十六點四公分，有界格，每半葉十一行，每行二十二字，註文小字雙行。版心白口，內向二葉花紋魚尾，版心中端題「家禮輯要」各卷卷次，下方記葉次。全本框高三十二點六公分，寬二十一點七公分。

　　表題：「家禮輯要卷之一」，次行低一格題：「通禮」，第三行低二格題：「祠堂」，第四行頂格題：「君子將營宮室先立祠堂於正寢之東」。序：「壬申八月下浣後學島川鄭重器謹識」。是書卷之一爲通禮，卷之二爲冠禮，卷之三爲婚禮，卷之四至卷之六爲喪禮，卷之七爲祭禮。

　　喪禮部份收錄的條目爲：初終、初終之具、復、立喪主、主婦、護喪、司書司貨、乃易服不食、治棺、治棺之具、訃告于親戚僚友、訃告書、沐浴、襲、奠、爲位、飯含、爲位、爲位之具、沐浴飯含之具、靈座之具、魂帛之具、置靈座設魂帛、立銘旌、不作佛事、小斂、小斂之具、経帶之具、大斂、成服、成服之具、斬衰三年、齊衰三年、齊衰杖期、齊衰不杖期、齊衰五月、齊衰三月、大功九月、小功五月、緦麻三月、殤服、朝夕哭、奠、上食、朝哭、朝奠、食時上食、夕奠、弔、奠、賻、致奠賻狀、祭文式、慰人父母亡疏、慰人祖父母亡啓狀、祖父母亡答人啓狀、聞喪、奔喪、治葬、治葬祝文式、擇日開塋域祠土地、穿壙之具、遂穿壙、作灰隔、刻誌石、造明器下帳苞筲罌、大轝、翣、作主、遷柩、朝祖、奠賻、陳器、祖奠、遣奠、發引、及墓、下棺、祠土地、題木主、成墳、乃窆、主人贈、加灰隔內外蓋、祠土地之具、下誌石、題主之具、題主祝文式、題主、成墳、成墳之具、返哭、虞祭、虞祭祝文式、罷朝夕奠、初虞、再虞、三虞、卒哭、卒哭之具、父母亡答人慰疏、父母亡謝人吊賻會葬疏、祔、祔祭之具、小祥、小祥祝文式、大祥、大祥祝文式、禫、吉祭、改題主告辭。

　　祭禮部份收錄的條目有：四時祭、時祭之具、墓祭、墓祭之具、忌祭、忌祭之具。

　　鄭重器在序中所言，「我東申、金兩家又述《喪祭禮備要》，俾盡其愼終追遠之道，其用力勤矣、裨世教至矣。但《丘儀》紕繆處尙多，《備要》割通禮移合祭禮已失家禮本旨，於冠婚二禮卻又全然拋置」，故是書爲補《丘文公家禮儀節》與《喪禮備要》之不足處。

　　鄭重器（1685～1757），字梅山，號道翁，官至通訓大夫，行吏曹佐郎。著有《圃隱續集》、《朱書節要集解》等書。

14、丁若鏞：《喪禮四箋》

喪禮四箋卷之一　　　　　與猶堂集卷之三十八

　　　　　　　　　　　　　　　洌水　丁鏞　編次

喪儀匡一

始死一　養疾　持體　改服　屬纊　行禱

士喪禮　劉向別錄第十二
　　　　　大戴第五小戴第十四

士仕而位卑者周禮所云上士中士下士也士之喪及

其父母之喪皆用此禮

賈公彥曰喪大記士沐粱士喪禮沐稻喪大記不同
　　　　　　　　　　　又大斂陳衣與大記不同

鄭云彼天子之士此諸侯之士〔鏞案云君若有賜不〕
　　　　　　　　　　　　　　　　　言王此諸侯之士

案三禮所記本多參錯遇有不合輒宰割而為之說曰

〔朝鮮〕丁若鏞（1762～1836）：《喪禮四箋》，
朝鮮總督府圖書館藏未知年代寫刻本。

全書共計十七卷，收入《與猶堂集》卷三十七至五十三，裝成十七冊，四周無邊、無界欄，每半葉十行，每行二十一字，註文小字雙行。書中鈐有：「京城帝國大學圖書章」朱文方印、「朝鮮總督府圖書之印」朱文方印。

表題：「與猶堂集　三十七」，右端題：「喪禮四箋　序目、始死、襲含」，扉頁同。文前爲作者自序：「上即阼之四年（即嘉慶甲子）冬十月癸未洌水丁鏞書」，序後爲喪禮四箋目次。首卷首行頂格題：「喪禮四箋卷之一」，低十二格題：「與猶堂集卷之三十八」，次行低十三格題：「洌水　丁鏞　編次」，第三行頂格題：「喪儀匡　一」，第四行低三格題：「始死　一」，下端爲小字。

全書卷之一至卷之十七爲喪儀匡，收錄的條目有：始死〈養疾、持體、改服、屬纊、行禱、啼哭、喪主、遷尸、復、楔綴、奠、帷堂、命赴、哭位、君吊、君襚、設銘〉、襲含〈掘坎、陳襲事、汲淅、沐浴、設明衣、襲尸、飯含、設掩瑱、埋髮爪、設重〉、小斂〈陳衣衾、陳奠具、陳経帶、陳鼎俎、小斂、馮尸、括髮免、俟堂、加経帶、奠、襚〉、大斂〈陳衣衾、陳奠具、掘肂、設熬、陳鼎、大斂、入棺、涂殯、奠、君親斂〉、既殯〈成服、居處、言語、飲食、車馬、朝夕哭奠〉、葬〈筮宅、井槨、獻材、卜日、請啓期、髺散帶、啓殯、朝祖、納柩車、薦車、奠、薦罵、朝禰、請祖期、載柩、飾柩、陳明器、祖還車、祖奠、薦罵、請葬期、公賵、賓賵、賓奠、賓賻、賓贈、大遣奠陳饌、陳明器、奠、出重、薦罵、苞牲、行器、讀賵、讀遣、柩行、出宮、公贈幣、至壙、下棺、贈幣、藏器、實土、反哭、賓吊〉、虞祭〈陳牲、設洗、設几筵、陳器、陳鼎、祭服、布几筵、拜賓、薦饌、饗、讀祝、迎尸、尸入、墮祭、讀祝、尸祭、九飯、初獻、亞獻、三獻、告利成、尸謖、闔牖戶、告事畢、殤祭、再虞〉、卒哭〈祝辭、牲牢、報葬、餕尸、說経帶〉、祔祭〈薦、告辭、折俎、嗣尸、祝辭、辨文、作主、卑不附尊、婦祔、妾祔、配祭、殤祔、姑姊妹〉、既葬〈居處、飲食、言語、從政、歸、除服〉、小祥〈祝辭、筮日尸、酢嚌、致膳、除経、練中衣、居處、飲食、歸、作練主、期之練〉、大祥〈冠服、居處、飲食〉、禫祭〈冠服、居處、飲食〉、附錄〈吉祭、新主入廟之禮〉、奔喪〈親喪、母喪、成服而行、聞喪不得奔、奔喪不及殯、齊衰以下奔喪、齊衰以下聞喪不奔者〉、方喪〈始喪、小斂、大斂、授杖、成服、飲食、居廬、朝夕哭、王后喪、世子喪、君之父母祖父母、外宗、並有公私喪、嫁娶、變禮、聞喪不得奔、出使聞喪、未踰年〉、附錄〈宋明儀註、禫除儀註〉。

喪具訂部份收錄凡七十九條：總義、銘、丹旐、旃、重、明衣裳、鬐笄、掩、瑱、幎目、握手、決、冒、帶、韜、笏、屨、深衣、纚、裹肚、勒帛、褌、婦人上服、婦人中帶、婦人雜服、鬐爪囊、飯巾、沐浴巾、米貝、魂帛、小斂絞、大斂絞、紟、小斂衾、大斂衾、袍襖、小斂衣、大斂衣、夷衾、枕、補遺網巾、棺、七星板、秫灰、輁軸、欑塗、輴、輇、蜃車、柩車、大轝、棺飾、披、引紼、鐸、功布、輴碑縴、明器、上服下帳、帠、方相、方策、輓詞竿、行帷、補遺二條、遣車、玄纁、槨、茵、見、折、抗席、抗木、甄槨、壙制、墳封、莎草、誌石、神主。

喪服商部份收錄凡三十三條：名義、升數、總制、衣、裳、冠、首経、環経、腰経、絞帶、布帶、杖、履、中衣、深衣、墨衰、孝巾、布綱巾、方笠、涼笠、黃笠、白笠、括髮、披髮、免、髽、笄、總、婦人首経、婦人絞帶、婦人服、受服、兼服。

喪期別部份收錄凡二十六條：父子、母子、出母、承重、出後、出嫁、祖孫、諸父、昆弟、舅姑、夫妻、搜叔、娣姒、嫡妾、嫡君、慈母、宗子、外親、雜敘、師友、臣僕、兼親、追服、改葬、變禮、緒論。

丁若鏞（1762～1836），字美庸、頌甫，號茶山、與猶堂、三眉、俟庵等，祖籍全羅道羅州，李氏朝鮮中期哲學家、實學家，歷任金井察訪、兵曹餐椅、左副承旨、谷山府使、檢閱、弘文館修撰、京畿道暗行御史等職務。著有《與猶堂全書》、《牧民心書》、《論語古今註》、《毛詩講義》等書。

15、吳載能：《禮疑類輯續編》

禮疑類輯續編卷之一

冠禮

泉子之長子冠於阼階

問泉子自為主而冠其長子則冠者似當在於阼階上南
鄉位耶　金在　厚齋曰似然

將東曲將北曲之辯

南塘曰宗廟在正寢之左外門在正寢宗廟之中間始入
外門東行乃至宗廟之前故曰將東曲既至廟前又北行
入廟門故曰將北曲　家禮源流跋錄

長子則布席于阼階之上之義

〔朝鮮〕吳載能（生卒年不詳）：《禮疑類輯續編》，
朝鮮純祖 12 年（1812）寫刻本。

全書共計三卷，裝成乾、坤兩冊。四周雙邊，半葉框高二十七點五公分，寬十七點五公分，有界欄，每半葉十行，每行二十二字，註文小字雙行。版心白口，上花魚尾，版心中端記各卷卷次，下方記葉次。

首卷首行題：「禮疑類輯續編卷之一」，次行低一格題：「冠禮」，第三行低兩格題：「眾子之長子冠於阼階」。表題：「續禮疑類輯　乾」，《禮疑類輯續編》凡例五則、《禮儀類輯續編》引用書目十三種，卷末有尾題。

是書卷之一爲冠禮、冠變禮、婚禮、婚變禮，卷之二爲喪禮，卷之三爲喪變禮、祭禮。喪禮部份收錄的條目有：遷居正寢、設尸牀、正尸、立喪主三條、易服二條、襲具二條、飯含二條、靈座一條、魂帛、銘旌、親厚入哭、小斂三條、大斂入棺四條、成殯、成服之節四條、五服總論、爲本宗服六條、爲嫁母服一條、爲養父母服三條、爲殤服七條、爲妻黨服一條、爲人後者爲本生親服二條、妻爲夫黨服一條、出嫁女爲本生親服一條、妾爲君黨服二條、妾子爲本生親服五條、出嫁女姑姊妹女無夫與子服本服、童子服一條、朝夕哭朔望行奠之節、俗節一條、上食一條、薦新、生辰、吊慰三條、奠酹、葬期一條、治葬具四條、告先墓、祠后土、啓殯一條、朝祖五條、遣奠三條、發引三條、窆二條、題主九條、成墳一條、合葬三條、反哭一條、虞五條、卒哭二條。

祔九條、葬後諸節三年、小祥九條、大祥四條、禫三條、吉祭、祭時服色、告祝之節一條、埋桃祝之節二條、居喪雜儀一條、心喪雜儀二條、離喪次諸節一條、書疏式一條、喪中行祭十條、五服變除一條、父在母喪諸節四條、妻喪諸節三條、子喪諸節三條、爲人後者本生親喪諸節三條、出嫁女本生親喪諸節一條、妾子本生親喪諸節一條、師友喪諸節二條、國恤十四條。

喪變禮部份收錄的條目有：奔喪四條、追喪十二條、代喪四條、並有喪二十一條、喪中身死三條、嗣子未執喪一條、無適嗣喪三條、無後喪一條、過期之禮三條、追改之禮一條、染患中喪禮諸節二條、親患中喪禮諸節一條、被罪家喪諸節一條、改葬二十一條。

祭禮部份收錄條目有：班祔五條、晨謁一條、參五條、俗節二條、時祭十五條、禰祭一條、忌祭四條、墓祭十條、省墓一條、遞遷四條。祭變禮部份收錄的條目有：臨祭有變、兩祭相值、先墓與卒哭相值、祭祀攝行一條、立後奉祀一條、攝主奉祀四條、承重妾子之子祭所生祖母一條、祠墓遇變一條、傳重一條、立後諸節九條、居家雜儀一條、師弟稱號。

16、佚名：《先妣初終日記》

先妣初終日記

庚寅七月十九日亥時　別世

二十日午時沐浴侍婢四月允愛

小歛執事丁戚遇泰

趙戚得璉

得瑞

得瑃

冒緞女帽

瞑目內拱紅禾花紬

握手

〔朝鮮〕佚名（生卒年不詳）：《先妣初終日記》，
朝鮮正祖 10 年（1785）寫本。

全書不分卷，共一冊。半葉框高二十九點三公分，寬十六點八公分。

表題：《先妣初終日記》，扉頁題：「五代祖妣昌原黃氏初終日記，附乙巳編奉，五代孫爂謄藏，庚寅喪錄」。卷末有跋文：「乾隆乙巳十月日內姪黃道永謹誌，乙巳十一月日次孫必遠謹記，改名應遠」。

全書記錄先妣黃氏喪葬諸事，其中條目有：

庚寅七月十九日亥時：別世。

二十日午時：沐浴，侍婢四月允愛、小斂，女帽、幎目、握手用紅禾花紬、藍倭□裳、眞紅大綾裳用內拱綿紬、禾花紬廣袴、內袴、單袴用內拱白禾花紬、草綵禾花紬衾內拱綿紬、冒□唐只、紅廣織大帶、禾花紬要帶、無孔珠倭大好品、飯含、充耳、細木襪內拱綿紬、紅廣織女鞋、褚衣、紫芝綿紬赤古里上、松花色綾赤古里下、散衣、甫羅綿紬冬衣二、去核三斤、白紙七丈。

二十一日：亥時大斂、草綠倭緞赤古里、藍禾花紬裳、白禾花紬廣袴、藍禾花紬衾用內拱綿紬、天衾、紫芝綿紬褥、枕、三色六囊、玉色綾赤古里、紫芝背巨里、綿紬縷飛袴、去核二斤、白紙、壽器。

二十二日：成服。

二十四日：漆進八合。

二十六日：漆進三合。

八月初一日：漆進三合。

初三日：漆進三合。

初五日：漆進三合。

初六日：以朱紅書銘旌，書雲翣。

九月初七日：午時權窆。

附錄：李知事書湛、申碩士光直等人上挽聯。外侄黃趾憲撰文致奠、夫弟啓楨撰文致奠、子熗撰文致奠。

辛卯十月十八日：申時，永窆于楊州治之北，石積面項洞村，用灰隔六寸。

乙巳十月十三日：寅時，移窆于抱川花山下防築洞君子亭里左旋山。

同月初七日：卯時，破舊墳。申時出柩，停柩，拭棺，進漆五合。

初八日：進漆五合。

初九日：進漆五合。

初十日：進漆五合，合進漆二升結裏。

十一日：曉行，停柩山上。

十三日：寅時，下棺，紅綃、銘旌、翣扇、玄纁、柩衣、俱以紅黑綃用之，用誌石、開金井、附錄乾隆乙巳十月日內侄黃道永贈貞夫人昌原黃氏墓誌。

黃氏贈貞夫人，爲資憲大夫前行同知中樞府事玄公啓根之配。生於英廟戊申正月二十五日，庚申年歸于玄公，卒于庚寅年七月十九日，享年四十三歲。初葬楊州注谷，翌年移葬於頃洞，後改葬於抱川花山下酉坐。育有一男二女，男厚爲韓學教授。

17、索寧安：《滿洲四禮集》

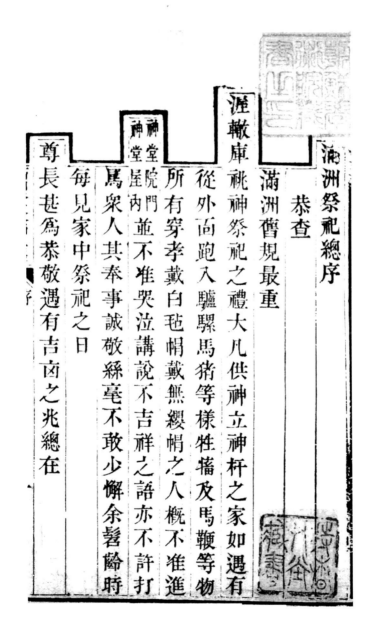

〔清〕索寧安（生卒年不詳）：《滿洲四禮集》，
韓國國立中央圖書館藏，清嘉慶六年（1801）木活字刊本。

全書共計五卷，裝成五冊。四周雙邊，半葉框高十八點二公分，寬十四點二公分，每半葉十行，每行十八字，註文小字雙行，版心白口，上黑魚尾，象鼻上端題：「滿洲四禮集儀注」。全本框高二十六點四公分，寬十六點四公分。

表題：「滿洲祭天祭神典禮」，序：「時嘉慶元年丙辰（1796）仲春鈕鈷祿氏靜園索甯安手撰」。扉頁中端大字：「滿洲四禮集」，右上端題：「嘉慶辛酉（1801）仲春」，左下端題：「省非堂藏板」。書中鈐有：「待春草堂藏書」、「朝鮮學術院藏書之印」朱文方印。跋：「時乾隆柔兆涒灘之歲良月小雪前三日男索諾穆」。

喪禮部份之前為〈滿洲祭天祭神儀注目錄〉，收錄元旦日行禮儀注、新正磕年頭儀注、春秋二季官俸祿祭神儀注等三十三條。喪禮部份正文前為〈滿洲喪葬追遠論〉自序：「時嘉慶元年丙辰（1796）仲春靜園索甯安手撰」。

正文論述的部份有：初易簀、小斂儀節、大斂儀節、男婦剪髮、婦女除耳環、婦女放髮、男子留髮、供飯儀節、發引儀節、安葬儀節、上墳儀節、除服儀節、居喪迴避祖宗、居喪遇祭家廟、居喪雜儀、奔喪儀節、親重喪相遇、殤喪儀節、弔異性喪儀節、滿洲服制、滿棺制度、歷年酌行事宜、祭文款式、十要〈第一要墳墓要潔淨、第二要塋園要門牆、第三要山向要記載、第四要續葬要倫次、第五要祭掃要祭田、第六要供獻要熟熱、第七要風水要講究、第八要修理要照舊、第九要看守要妥人、第十要祭器要□久〉、十戒〈第一戒爭葬老塋、第二戒亂葬無嗣、第三戒占葬祭田、第四戒遷墳改葬、第五戒修理華美、第六戒安園開廠、第七戒立女僧廟、第八戒邀請過客、第九戒花炮放鎗、第十戒酒晵遊戲〉、十可〈塋園風水中平不改甚可、神主供塋傍甚可、祭品不照舊制亦可、祭期不同日甚可、承祀人無論房次長幼甚可、承祀長子葬後無嗣不遷葬甚可、力不能祭親到哭奠則可、家寒無人看守親丁住塋傍甚可、葬非塋園遷墳亦可、本夫無妻側室權辦合葬亦可〉、十不可〈塋園風水不可亂改、近塋寸土不可亂動、安葬不可修曠、祭田不可租典、凶亡無嗣不可入塋、少亡幼卒不可留墳、看墳家人不可於眾奴一例、樹木不可砍伐、房屋不可拆毀、禽鳥昆虫不可傷損。〉

全書編次疑有顛倒之嫌，應將〈滿洲家祠儀注〉篇調至最前。索甯安生平不可考，僅據《樞桓紀略》知其在乾隆 34 年入直。另據各編序言，可知書為吉北谷氏與其子索諾穆策凌、索寧安共撰。

18、禮曹：《貞純王后國恤謄錄》

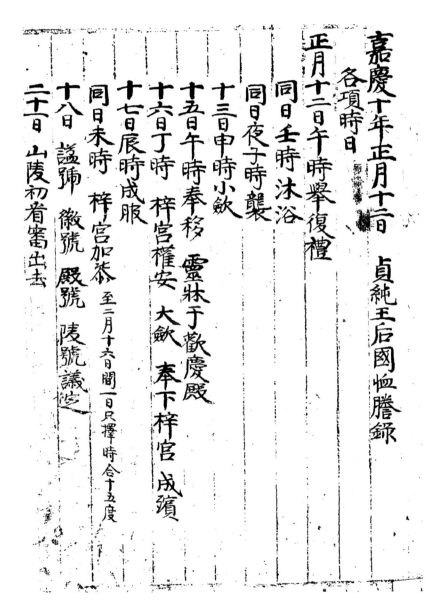

〔朝鮮〕禮曹編錄（生卒年不詳）：《貞純王后國恤謄錄》，
朝鮮純祖5～7年（1805～1807）寫本。

全書不分卷，共一冊，七十一張。四周單邊，半葉框高三十一點七公分，寬二十一點三公分，烏絲欄，每半葉十二行，每行三十字，註文小字雙行。版心白口，內向二葉花紋魚尾，全本框高四十一公分么，寬二十七公分。書中鈐有：「禮曹之印」、「藏書閣印」朱文方印。

正文首行頂格題：「嘉慶十年正月十二日貞純王后國恤謄錄」，次行低一格題：「各項時日」，第三行頂格題：「正月十二日午時舉復禮」。

是書爲英祖之貞純王后國恤日記，記錄的條目有：

正月十二日：午時舉復禮、同日壬時沐浴、同日夜子時襲。

十三日：申時小斂。

十五日：午時奉移靈牀于歡慶殿。

十六日：丁時梓宮權安大斂奉下梓宮成殯。

十七日：辰時成服、同日未時梓宮加漆。

十八日：諡號徽號殿號陵號議定。

二十一日：山陵初看審出去。

二十五日：山陵再看審出去。

二十七日：卯時山陵封標。

二十八日：山陵擇日會議後請對。

十三日：山陵擇日會議。

十四日：公除。

十八日：卯時告訃使拜表、卯時山陵始役。

三十日：辰時山陵斬草破土、辰時山陵假丁字閣齋室開基。

三月十六日：卯時山陵假丁字閣齋室定礎。

二十八日：卯時山陵假丁字閣立柱上樑。

四月十一日：卯時山陵作瓮家、午時梓宮加漆。

二十九日：午時漆布加漆。

五月初二日：午時山陵開金井。

初七日：巳時梓宮加漆。

十一日：丑時外梓宮陪進、酉時下外梓宮。

十三日：請諡上諡習儀。

二十二日：辰時梓宮書上字、午時諡冊寶內入。

二十四日：巳時梓宮結裹。

二十五日：辰時諡冊寶內出、巳時請諡宗廟。

二十六日：卯時上諡殯殿、午時改銘旌。

六月初六日：發引初度習儀。

十二日：發引二度三度習儀兼行。

十六日：申時虞主奉審後捧安于崇政殿。

十七日：未時啓欑宮。

十八日：申時虞主奉來、酉時虞主捧安于殯殿。

十九日：寅時發引。

二十日：未時山陵啓欑宮、亥時下玄宮。

二十一日：丑寅間艮時行初虞祭于山陵吉帷宮、卯時大駕出宮詣普濟院返虞祇迎、午時返虞于昌慶宮之文政殿。

二十三日：子時再虞祭後埋安神帛于魂殿西階上。

丙寅正月十二日：行練祭。

丁卯正月十二日：行祥祭。

三月初六日：行禫祭。

二十四日：行祔廟初度習儀。

二十七日：行祔廟二度習儀。

二十八日：行祔廟三度習儀。

四月初二日：祔太廟。

貞純王后（1745～1805～），為英祖李昑（1694～1776，其中 1724～1776 年在位）繼妃。本貫慶州金氏，父驪州鰲興府院君金漢耉，母原豐府夫人。英祖 33 年（1757），嫡妃貞聖王后薨，英祖另發「揀擇令」，在洪鳳漢（1713～1778）的推薦下，最後選中了金氏冊為王妃。當時英祖 66 歲，王妃金氏年僅 15 歲，年齡相差尤大，金氏比英祖的莊獻世子還年輕。正祖李祘（1752～1800，其中 1776～1800 年在位）繼位後，金氏升為王大妃。正祖 47 年（1800）李祘薨，年僅 11 歲的次子李玜（1790～1834，其中 1800～1834 年在位）即位，由金氏（此時已升為大王大妃）垂簾聽政，1803 年 12 月大王大妃金氏撤簾歸政。1805 年正月 12 日，金氏在昌德宮景福殿逝世，享年 60 歲。葬於英祖元陵之中。諡號「睿順聖哲莊僖惠徽翼烈明宣綏敬光獻隆仁正顯昭肅靖憲貞純王后」。

從純組登基後垂簾聽政以來，一直到在 1805 年逝世為止的 5 年間，作為大王大妃的金氏掌握很大的權力，甚至是辛酉邪獄的策劃者。

19、禮曹：《嘉順宮喪禮錄》

道光二年壬午十二月　　日　嘉順宮喪禮謄錄

各項時日

十二月二十六日亥時舉復禮

二十七日未時沐浴

同日申時襲

同日小斂

二十八日申時奉移　靈牀于歡慶殿

同日酉時大斂

同日戌時　奉下梓室　成殯

二十九日巳時成服

同日議諡

三十日午時　梓室銀釘工加柒　至正月十八日間一日只擇時准十度

禮－□□上二

〔朝鮮〕禮曹編錄（生卒年不詳）：《嘉順宮喪禮錄》，
朝鮮純祖 25 年（1825）寫本。

　　四周單邊，有界欄，每半葉十二行，每行二十二字，註文小字雙行。版心白口，上下向三葉魚尾，象鼻上端題：「禮曹上」。

　　表題：「嘉順宮喪禮謄錄」，右端題：「壬午」，下端題：「禮曹上」，正文首行頂格題：「道光二年壬午十二月日嘉順宮喪禮謄錄」，次行低二格題：「各項時日」。

　　是書爲正祖嘉順宮顯穆綏嬪朴氏（1770～1882）喪禮儀注。

　　十二月二十六日亥時舉復禮。

　　二十七日未時沐浴，同日申時襲，同日小斂。

　　二十八日申時奉移靈牀于歡慶殿，同日酉時大斂，同日戌時奉下梓室成殯。

　　二十九日巳時成服，同日議諡。

　　三十日午時梓室銀釘工加漆，至正月十八日間一日只擇時準十度。

　　癸未正月初八日初看山出去。

　　十八日再看山出去。

　　二十日巳時梓室漆布上加漆，至二十九日逐日只擇時準十度。

　　二十二日申時園所封標。

　　二十三日葬禮擇日會議入啓。

　　二十六日辰時園所始役丁字閣假齋室開基。

　　二月初一日巳時梓室全體加漆，至初八日逐日只擇時準八度。

　　初二日辰時園所斬草破土丁字閣假齋室定礎。

　　初六日卯時園所作甕家。

　　初七日卯時園所丁字閣假齋室立柱上樑。

　　十一日午時梓室書上字。

　　十三日卯時園所開金井，同日巳時梓室結裹。

　　十八日卯時外梓室陪進，同日上諡冊印習儀，同日發引初度習儀。

　　十九日卯時下外梓室，同日巳時諡冊印及哀冊內入。

　　二十日辰時諡冊印及哀冊內出，同日巳時上諡殯宮改銘旌。

　　二十二日發引二三度習儀兼行。

　　二十五日午時神主奉來申時奉安于殯宮，同日申時啓欑室。

　　二十六日丑時發引。

　　二十七日寅時園所啓欑室，同日巳時下玄室，同日返虞殿下王世子詣興仁門外祗迎後陪從奉，安于昌慶宮之顯思宮仍行初虞祭。

20、禹德麟：《二禮演輯》

二禮演輯卷之一

喪服篇

首經總論

必傳曰五斬分衰一首爲經聰者一象撿爲五服九之寸數註曰必

所以寸固者持首冠是也又故曰取斬陽衰之首極經數左也本○在跣下曰父首經

母鳥右左本亦在陽上也○此是言內母言是痛陰從右心亦內陰發也也上此是對外爲

用○麻一本股切中處屈根相頭絞其則末本絞末後皆切在處一也處○誤或

首經 左斬從衰領首前經向右直圍麻之卽其有末子加麻于兩本股上相是交左麻本本在

在下右○從齊領衰蒻首經向左用圍橐之麻其卽末無條子于麻本兩下股是相右交本麻本在

同上○○俗本用藁後較末麻向坐弱貧○從權期以以下麻做齊本衰末首可經也亦

大小菁差 日斬一衰撿用是麻爲大九一寸撿○撝指齊衰與以大斬巨衰首圍經之

〔朝鮮〕禹德麟（生卒年不詳）:《二禮演輯》，
日本大正 15 年（1926）鉛活字刊本。

全書共計四卷，裝成四冊，半葉框高二十九點九公分，寬十九點九公分。每半葉十行，每行二十字，註文小字雙行。版心白口，上黑魚尾，版心上端題：「二禮演輯」各卷卷次，下方記葉次。

表題：「二禮演輯　元」，序：「永曆五周重光單閼星鳥節清風金平默序」。首卷首行題：「二禮演輯卷之一」，次行低一格題：「喪服篇」，卷末有尾題。

是書卷之一爲喪服篇：首經總論、衰服總論、衰服裁法、出入服色、婦人服色、童子服、本宗五服圖、外黨妻黨服圖、妻爲夫黨服圖、出嫁女爲本宗降服圖、爲人後者爲本宗降服圖、妾服圖、兼親服、殤服、三父服、八母服、義服、師友服、朋友服、官吏爲官長服、奴婢爲主婦、服窮不可加麻辨、未葬者不除服、徒流不服、服中遇閏。

諸具部份收錄的條目有：初終具、始死奠、立喪主、攝主、異姓親家主喪、易服不食、告祠堂、訃告、沐浴具、襲具、附變禮、銘旌具、設靈座、小斂具、大斂入具、成殯、靈牀具、成服具、成服儀、諸奠諸節、喪次具、致奠、成服變禮、代服之節、奔喪者成服、並有喪持服、喪中遭服、喪變禮、聞喪未即行諸節、女子奔喪、既葬後奔喪、失君父不知死亡者服喪諸節、喪服、喪禮祝式。

卷二爲葬禮：穿壙、造主、啓殯、祖奠中父亡代服告由、母喪前父死母主告由、誤成服者追改告由、無主喪攝主告由、朝祖、遷柩廳事、祖奠、祖奠、發引、遣奠、路奠、及墓、下棺、贈玄纁、祀土地、題主奠、諸親喪題主、奉祀、次嫡奉祀、攝主奉祀、幼兒旁題、婦人主祀、庶孽題主、妾子奉祀、成墳、返哭、廬墓、臨葬聞訃、葬變禮、草殯葬、權窆、客死葬、虛葬、改葬諸節、開塋域祀土地、告祠堂、啓舊墓、服緦附變禮、設靈座、改棺改斂、發引設奠、葬畢祀土地、虞祭、附新舊喪行虞、除服前諸節、三月除服、墳墓有事告由、改莎、立石、墳墓被水火、被人掘移、失墓搜求方、祭告塚神、啓檀、齋室開基重修、葬禮祝式、附變禮祝式、有事告由祝式、書疏式。

卷三爲喪祭禮：喪祭異儀、陳設圖、初虞、埋魂帛、再虞、三虞、並有喪行虞、攝主諸節、卒哭、祔祭、祔祭總論、紙榜行祔、尊者主祔、祔祭攝行、并有喪祔祭、祔祭退行、小祥、變除之節、代服之節、練喪通用、臨祭遇喪、並有喪諸節、攝主諸節、練祥退行、追喪者練祥、過期不葬者練祥、兩祭相值、大祥、祔廟、祔變禮、并有喪大祥、大祥後諸節、禫祭、有無禫總論、退禫諸節、吉祭、吉祭總論、改題之節、並有喪吉祭、埋主、遞遷、

長房有故次房權奉、長房有故仍奉宗家、別廟、喪祭祝式。

卷四爲常祀禮：祠堂、奉祀代數、奉安位次、祭儀本義、晨謁、出入告、朔望參、俗節、薦新、時節、忌祭、墓祭、祀土地、同崗內、祭日遇雨、喪中行祀、臨祭遇喪、生辰祭、家廟有事諸節、科宦告由、生子告由、追贈諸節、修墓告由、移安告由、追成神主、家廟被水火、神主虫蝕、神主誤題。

21、掌禮院：《景陵日記》

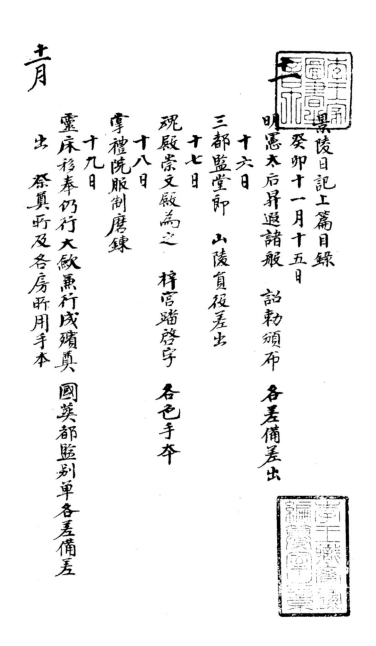

十月

景陵日記上篇目錄

癸卯十一月十五日

明憲太后昇遐諸服　詔勅頒布　各差備差出

十六日

三都監堂郎　山陵負役差出

十七日

魂殿崇文殿為之　梓宮踏啓字　各色手本

十八日

掌禮院服制磨鍊

十九日

靈床移奉仍行大歛熏行成殯奠　國葵都監別單各差備差
出　奈眞所及各房所用手本

〔朝鮮〕掌禮院編錄（生卒年不詳）：《景陵日記》，未知年代寫本。

　　全書共計兩卷，裝成兩冊。無邊框，無絲欄，每半葉十二行，每行二十字，註文小字雙行，無版心，半葉框高三十五公分，寬二十一點三公分。書中鈐有「李王職實錄編纂室之章」、「李王家圖書之章」朱文長方印。

　　是書爲憲宗（1834～1849）孝顯成皇后金氏、繼孝定成皇后洪氏國葬日記。

　　癸卯十一月十五日：明憲太后昇遐諸般詔勅頒布各差備差出。

　　十六日：三都監堂郎山陵員役差出。

　　十七日：魂殿崇文殿爲之梓宮踏啓字各色手本。

　　十八日：掌禮院服制磨鍊。

　　十九日：靈床移奉仍行大歛兼行成殯奠國葬都監別單各差備差，出祭奠所及各房所用手本。

　　二十日：成服奠、謚號望、徽號望奉勅。

　　二十一日：銀釘上初度加漆，守侍陵官以下布疋賞格。

　　二十二日：宮內府奏本醫官論勘，入番宗室享官，命下魂殿，山陵參奉忠義差出。

　　二十三日：山陵再看審，諸醫官安徐，銀釘上再度加漆。

　　二十四日：監董差出。

　　二十五日：公除日奏下，銀釘上三度加漆。

　　二十六日：山陵所用銀器皿奏下，各色奏本。

　　二十七日：都監郎廳監造官輪回入直，銀釘四度加漆。

　　二十八日：山陵鋪祭器奏下，封標吉日奏下。

　　二十九日：銀釘上五度加漆，國葬擇日記書入，虞主書寫官以下差出，守侍，陵官以下因山前月給磨鍊。

　　十二月初十日：臘享別奠，銘旌書寫處，所發靷時奉辭拜辭之節，山陵三年內守護軍上番軍并奏下，漆布上五度加漆。

　　十六日：梓宮全體加漆，告由因行初度加漆，發引時班次圖奏下。

　　十七日：神帛埋安地奏下。

　　十九日：國葬時服玩鏡梳函物奏下。

　　二十一日：玉冊玉寶自北漢陪奉于仁昭殿前庭。

　　二十三日：守侍，陵官以下房帳次賜給，返虞後卒哭之制奏下。

　　二十五日：發引時路祭晝停所排設諸具奏下。

二十九日：結絞次知及差備命下。

三十日：結裹舉行，守侍陵官以下曆書頒賜。

甲辰正月初一日：朝奠兼行正朝別奠

初四日：山陵開金井，諡冊寶內入。

初五日：宮內府進香，諡冊寶內出請，諡于宗廟，議政府進香。

初六日：宗正院進香，上尊號諡因行別奠，新銘旌奉入舊銘旌燒火。

初十日：發引時行帷帳哭宮人及歸遊赤置之事。

十二日：平安南北道全羅南北道進香，發引習儀初再度兼行。

十五日：朝奠兼行望日別奠。

十九日：因山時賞格頒賜，各差備所騎馬卜馬并以代錢磨鍊。

二十一日：皇太子進香。

二十二日：誕日別茶禮。

二十四日：三度習儀，啓欑宮後別奠。

二十八日：奉梓宮發引。

二十九日：下玄宮後立主祭兼夕上食後仍行返虞禮。

三十日：中使奉神帛下來埋安于山陵後麓曲墻內。

初五日：沉菜白塩自於義宮輸來。

初六日：陵上莎土封築竣完。

初七日：魂遊石入排，守直軍二十五名差出，各處所柴炭燭自本邑進排。

端聖粹元敬惠靖順孝顯王后金氏（1828～1844），領敦寧府事永興府院君贈領議政孝簡公金祖根（1793～1844）之女，安東金氏（純祖純元王后）一派的外戚，純祖28年（1828）3月14日生於安國坊外氏第，純祖34年（1834）丁酉冊封王妃，憲宗9年（1844）年癸卯8月25日去世於昌德宮之大造殿，終年16歲。葬於楊州景陵，後高宗追上尊號爲「孝顯成皇后」。

明憲淑敬睿仁正穆弘聖章純貞徽莊昭端禧粹顯懿獻孝定王后洪氏（1831～1904），領敦寧府事益豐府院君贈領議政翼獻公洪在龍（1794～1864）之女，純祖31年（1831）年辛卯正月22日生於咸悅公廨，顯宗10年（1844）甲辰冊封王妃，哲宗即位後進號大妃，光武8年（1904）甲辰去世於昌德宮，終年74歲。葬於景陵，高宗上尊號爲「孝定成皇后」。

22、韓錫斅：《竹僑便覽》

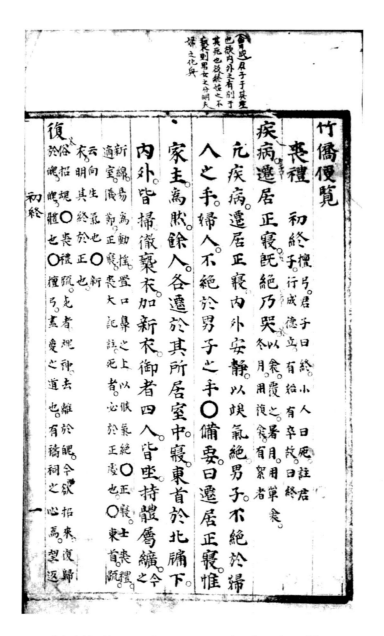

〔朝鮮〕韓錫斅（1777～1849）：《竹僑便覽》，

朝鮮哲宗2年（1851）寫本。

全書不分卷，裝成天、地兩冊。四周單邊，半葉框高二十六公分，寬十七點一公分，有界欄，每半葉十行，每行二十一字，註文小字雙行，版心白口，無魚尾。全本框高三十四點九公分，寬二十二點三公分。

小引：「有明崇禎後四乙酉菊秋七十三歲老夫妄識」，扉頁左端題：「竹僑便覽」，右端題：「有明崇禎後四辛亥五月成冊」，天頭處有墨筆小楷批註，書中鈐有：「姜氏基秀家藏、晉州姜氏朱文方印」。

正文前為諸圖，圖式部份收錄的圖式有：本宗五服之圖、三父八母服之圖、三殤降服之圖、外黨妻黨服之圖、妻為夫黨服之圖、出嫁女為本生父母降服之圖、妾服圖、為人後者為本宗降服圖、深衣前圖、深衣後圖、著深衣前兩襟相掩圖、深衣續衽鉤邊圖、大帶圖、幅巾圖、平鋪巾圖、斜縫向左綴帶圖、黼翣圖、運翣圖、握手圖、結帛、束帛、玄冒黼殺、幎目圖、裁闊領四寸圖、反摺闊領四寸為左右適圖、裁加領圖、反摺向前圖、裁衽圖、兩衽相疊圖、加領於衣前圖、加領於後圖、裳制、斬衰冠、齊衰冠、大功冠、小功冠、緦麻冠、斬衰首絰、齊衰首絰、斬衰腰絰、斬衰絞帶、小功以下腰絰、齊衰以下絞帶、小斂之圖、大斂絞布衾圖、祠堂朔望俗節家眾敘立之圖、神主前式、神主後式、櫝坐式、櫝蓋式、趺式、韜縫式、龕室圖、周尺、聞喪未得行為位哭圖、四腳巾圖。

全書分為〈初終篇〉、〈治葬篇〉、〈虞祭篇〉、〈改葬篇〉、〈祭禮篇〉、〈疑禮篇〉、〈冠婚篇〉、〈治農篇〉、〈醫藥篇〉等九篇，喪禮部份收錄的條目有：初終、疾病遷居正寢、復、楔齒綴足、立喪主、主婦、易服不食、治棺、訃告、沐浴、襲、徙尸、飯含、魂帛、銘旌、小斂、大斂、成服、童子服制、斬衰三年、齊衰三年、齊衰杖期、齊衰不杖期、齊衰五月、齊衰三月、大功九月、小功五月、緦麻三月、殤服、降服、心喪、朝夕哭奠、薦新、吊禮、奠賻、奔喪、治葬、開塋域祠土地、遂穿壙、作灰隔、啓殯、奉柩朝于祖、發引、窆葬、題主、成墳、返魂、祔葬、合葬、賻狀、慰狀。

23、金眞齋：《喪祭儀輯錄》

喪祭儀輯錄卷之一

通禮[按]冠皆喪祭皆行於祠堂所
以通關於四禮故云通禮

祠堂

君子將營宮室先立祠堂於正寢之東 祠堂在東不
先其親之意

祠堂之制三間外為中門中門外為兩階皆三級

東曰阼階 士冠禮註阼猶酢也
東階所以答酢賓客 西曰西階階下隨

地廣狹以屋覆之令可容家衆敘立又為遺書衣

物祭器庫及神廚於其東繚以周垣別為外門常

加扃閉若家貧地狹則止立一間不立廚庫而東

西壁下置立兩櫃西藏遺書衣物東藏祭器亦可

〔朝鮮〕金眞齋（生卒年不詳）：《喪祭儀輯錄》，
朝鮮哲宗 9 年（1857）木活字刊本。

　　全書共計六卷，裝成春、夏、秋、冬四冊，書中有圖錄。四周雙邊，半葉框高十九點二公分，寬十五點七公分，有界欄，每半葉十行，每行二十字，註文小字雙行，版心白口，內向二葉花紋魚尾，版心上端題「喪祭儀輯錄」卷次，下方記葉次。全本框高二十七點五公分，寬十九點六公分。

　　表題：「喪祭儀輯錄　春」，序：「韓山李敦禹謹序」，凡例五則：「鼇山金翊東謹識」，跋：「丁巳一陽下浣金海裴克紹謹書」、「昌寧後人曹秉直謹跋」。

　　是書卷之一爲通禮，卷之二至卷之五爲喪禮，卷之六爲祭禮。

　　書中圖式有：本宗五服之圖、三父八母服之圖、三殤降服之圖、外黨妻黨服之圖、妻爲夫黨服之圖、出嫁女爲本宗降服圖、爲人後者爲本宗降服圖、祭饌每位各設圖、兩位同桌合設圖。

　　祝文式與書疏式部份收錄的祝文與書疏有：授官告辭、貶官告辭、追贈告辭、生子見廟告、立嗣子告辭、冠禮告辭、冠後見廟告、納采告辭、親迎告辭、新婦見廟告、祠堂火設位告辭、改造後慰安祝、開塋域祠后土祝、祔葬先塋告辭、合葬舊墓告辭、啓殯告辭、朝祖告、祖奠告辭、遷柩告辭、遣奠告辭、葬時祠后土祝、題主祝、虞祭祝、攝主祝式、祔祭祝、小大祥祝、祔廟告辭、禫祭出主告辭、禫祭祝、吉祭改題主告辭、出主告辭、合祭埋主祝、合祭祖以上祝、合祭新主祝、埋主時墓所告辭、長房奉來祧主時祠堂告辭、改葬時開塋域祠后土祝、遷祔先墓告辭、祠堂告辭、啓墓時祠后土祝、啓墓告辭、遷柩告辭、遣奠告辭、改葬後祠后土祝、改葬虞祭祝、遷葬後祠堂告辭、改莎土告辭、時祭出主告辭、時祭各位祝、居室土神祭祝、忌祭出主告辭、忌祭祝、墓祭祝、墓祭祠后土祝、訃告書、弔者致奠賻狀、謝狀、門狀、榜子、弔祭文、慰人父母亡疏、父母亡答人慰疏、慰人祖父母亡啓狀、祖父母亡答啓狀、謝人弔賻會葬疏。

　　喪禮部份收錄的條目有：初終、既絕乃哭、復、立喪主、主婦、護喪、司書司貨、乃易服不食、治棺、訃告於親戚僚友、襲、陳襲衣、沐浴飯含之具、乃沐浴、徙尸牀置堂中間、乃設奠、主人以下爲位而哭、乃飯含、侍者卒襲覆以衾、置靈座設魂帛、立銘旌、不作佛事、小斂、大斂、成服、朝夕哭奠、食時上食、弔、奠、賻、聞喪、奔喪、治葬、開塋域祠土地、祔祭、合葬、穿壙、灰隔、刻誌石、大舉、翣、作主、啓殯、朝祖、祖奠、遣奠、發引、下棺、祠土地、下誌石、題主、返哭、成墳、出外死者返葬儀、初虞、再虞、三虞、卒哭、喪中先廟行祭儀、祔祭、小祥、大祥、禫祭、吉祭、祧遷、改葬。

24、朴建中：《初終禮要覽》

初終禮要覽

[初終]疾病遷居正寢凡疾病遷居正寢〔今按〕家禮正寢即前堂而今人家堂室與

古殊制無正寢者多故近俗則遷於所居室中而下之言堂處亦可以室當之此則事勢然也　內外安靜以

俟氣絕〔今按〕丘氏儀節曰病者有　男子不絕於婦人之手婦

人不絕於男子之手〔今按〕以朱子撝婦人出諸門外之意觀之婦人之臨終也亦當撝男子出諸門　既絕乃哭〔儀節〕

禮病者若臥平牀則當移置牀下矣又接喪大記有屬纊之事喪禮記曰　御者四人皆坐持體屬纊疏曰纊今之新綿

易動搖禮口鼻之上以為候云井富參考　日以衾覆之〔今按〕士喪禮註曰復者招魂復魄也又按愚　云井富參考

復〔今按〕伏日人有死而復生者多言魂欲還八而怕

哭不得八復時暫輟哭望返乃得靈爽之道覿疏家亦輟哭而復矣云井富參考　哭訖乃復之文則古亦輟哭而復矣云井富參考

人以死者之上服嘗經衣者左執領右執要自前榮升屋中

〔朝鮮〕朴建中（1766～1841）：《初終禮要覽》，
日本大正九年（1920）鉛活字刊本。

　　全書不分卷，共一冊，六十六張。四周雙邊，半葉框高二十點六公分，寬十五點八公分，有界線，每半葉十行，每行二十三至二十六字，註文小字雙行，上下兩向黑魚尾，象鼻上端題：「初終要覽」。全本框高二十七點七公分，寬十九點二公分。

　　表題：「初終要覽單」。序：「崇禎四壬戌（1862）季秋尚州後人朴建中士標父題于仙姑精舍」，卷末有尾題，末葉有刊記：「大正九年（1920）九月二十日印刷、大正九年拾月七日發行」。全書以漢文與諺文兩種文字書寫。

　　全書收錄的條目有：初終、疾病遷居正寢、既絕乃哭、復、立喪主、主婦、護喪、司書、司貨、乃易服不食、被髮徒跣、扱上衽、治棺、棺底鋪灰、七星板、訃告于親戚僚友、執事者設幃及牀、陳襲衣、沐浴、飯含、乃設奠、置靈座、設魂帛、立銘旌、小斂、袒括髮免髽、大斂、覆柩以衣、取銘旌跗于柩東、成服、五服之人各服其服、朝哭、朝奠、夕哭、夕奠、服制、斬衰三年、齊衰三年、齊衰杖期、齊衰不杖期、齊衰五月、大功九月、小功五月、緦麻三月、本宗五服制、侍養服、改葬服制、偕喪持服、服制通論、朝哭、朝奠、食時上食、夕奠、夕哭、哭無時、俗節、生辰、有新物則薦之、吊、聞喪、奔喪、治葬、三月而葬先期擇地之可葬者、擇日開塋域祠后土、穿壙之具、遂穿壙、窆葬之具、作灰隔、大舉、翣、作主、啓殯、朝祖、陳器、遣奠、發引、柩行、途中遇哀則哭、及墓、方相至、明器、靈車至、柩至、乃窆、主人贈、加灰隔、祠后土于墓左、藏明器、下誌石、題主、成墳、反哭、至家哭、虞祭、虞祭之具、初虞、再虞、罷朝夕哭、三虞、卒哭、祔、小祥、止朝夕哭、大祥、禫、吉祭、改葬、治葬具、制服、擇日開塋域祠土地遂穿壙作灰隔皆如始葬之儀、前一日告祠堂、祝祠土地、啓墓、役者開墳、舉棺出置幕下席上、祝以功布拭棺覆以衾、設奠于柩前、執事者開棺舉尸置于斂牀如大斂之儀、遷柩就舉、發引、乃窆、祠土地于墓左、既葬、告于祠堂、三月而除服、居喪雜儀。

　　朴建中（1766～1841），字士標，號仙谷，朝鮮尚州人，其父朴尚簿（1725～1789），其母平山申氏（1729～1789）。著有《喪禮備要補》、《備要撮略條解》、《初終禮要覽》等書，有《仙谷先生遺稿》存世。

25、夏時贊：《八禮節要》

八禮節要上

有家日用

冠禮一

祠堂告辭

維歲次干支幾月干支朔幾日干支孝玄孫稱隨某

官某敢昭告于

顯高祖考稱隨某官府君

顯高祖妣某封某氏列書某之子若某親某年漸長

成將以某月某日加冠於其首謹以酒果用伸虔

告謹告某宗子自冠則自爲主而將以某月某日云云

〔朝鮮〕夏時贊（生卒年不詳）：《八禮節要》，
朝鮮高宗34年（1897）木活字刊本。

　　全書共計兩卷，裝成兩冊，四周單邊，半葉框高十九公分，寬十五公分，全本框高三十公分，寬十八點五公分。有界欄，每半葉十行，每行二十字，註文小字雙行。版心白口，內向二葉花紋魚尾，版心中端題：「八禮節要」各卷卷次，下端記葉次，象鼻上端題卷次，如：「祭四」，即第四卷為祭禮。

　　表題：「八禮　乾」。序：「今上之三十四年丁酉（1897）孟春下浣恩津宋秉璿書」、「上之二十有七年秋九月丙寅達城徐麟淳謹序」。首卷首行題：「八禮節要上」，次行低一格題：「有家日用」，第三行低兩格題：「冠禮一」，第四行低一格題：「祠堂告辭」。卷末有尾題。

　　卷之三為喪禮，收錄的條目有：初終、病革內外安靜、受遺書、屬纊、既絕乃哭、收屍、復、立喪主、主婦、護喪、易服、設奠、訃告、沐浴、設水、襲、設奠、飯含、小斂、設魂帛、書銘旌、置靈座、設奠、治棺、大斂、入棺、成殯、成服、朝哭、朝奠、夕奠、夕哭、望奠、俗節薦時食、薦新、漆棺、結棺、慰疏、答疏、慰狀、答狀、造主、土地祝、題主祝、治葬、卜山地、

　　擇日開塋域、分金、穿壙、筑灰石、作地室、啓殯、朝祖、遷柩廳事、設祖奠、遷柩就舉、設遣奠、遂行、設靈幄、柩至、乃窆、贈玄纁、加橫帶、題主、遂行、成墳、反哭、虞祭祝、初虞、陳設、出主、降神、進饌、三獻、侑食、闔門、啓門、辭神、徹朝夕奠、再虞、三虞、卒哭、陳設、出主降神進饌、三獻、祔祭祝、附、陳設、出主降神進饌、三獻、小祥、陳設出主、易服、止朝夕哭、心喪、大祥、告廟、陳設出主易服降生進饌三獻、侑食闔門啓門辭神徹、奉主入祠堂、徹靈座、禫。

　　卷之四為祭禮，收錄的條目有：虞祭祝文、卒哭祝文、祔祭祝文、小祥祝文、大祥祔廟告辭、焚祝文、禫祭祝、吉祭祝文、禫月行祭考妣異位各祝、時祭祝文、餕禮、忌祭祝文、墓祭祝文、改葬祝文。

　　收錄的圖式及祝式有：靈座朝夕哭奠圖、祠土地祝文、窆葬告辭、慰人父母亡疏、慰人祖父母狀、祖父母亡答人慰狀、父母亡答人慰疏狀、弔者致奠賻狀、謝狀、祖父母父母亡謝人弔賻會葬疏、虞祭祝文、卒哭祝文、祔祭祝文、小祥祝文、焚祝文、吉祭祝文、時祭祝文、忌祭祝文、墓祭祝文、附改葬祝文、追贈告辭、陳設序立圖。

26、禮曹：《純明妃喪禮儀註謄錄目錄》

純明妃喪禮儀註謄錄　光武八年十一月五日　甲辰九月二十八日

初終

疾病女官扶相束首四人坐持體（手足為內外安靜女官以新綿置口鼻之上為）

侯綿不動揃（宗親支武百官以白布圓領帽帶隨到闕哀於闕）

則是氣絕（內罷散官儒生疾民白衣白笠隨到闕哀於闕外）

既絕內外皆哭

復

奉倚以常　御上服左荷之隍自前束霤（屋霤簷滴兩為霤）當屋履危（上危棟）左衽領右衽

腰北向三呼曰　妃宮復畢以衣投於前尚服承之以函隍自詐階入覆于

妃宮上復衣不後者降自後西霤女官楔齒用角柶足用燕几

乃職俯伏興退

奠（後後）

內廚進度饌（餘閣之餅）尚食傳捧陞自束備階入設於　妃宮束（有末若日昏先設 燭以照飲饌費至）

易服

〔朝鮮〕禮曹編錄（生卒年不詳）：《純明妃喪禮儀註謄錄目錄》，
光武 8 年（1904）寫本。

　　全書不分卷，共一冊，八十三張。四周雙邊，半葉框高三十公分，寬十九公分。烏絲欄，每半葉十二行，每行二十字，註文小字雙行，版心白口，上二葉花紋魚尾，全本框高三十八點四公分，寬二十六公分。書中鈐有：「藏書閣印」朱文方印。

　　表題：「純明妃喪儀注謄錄」，右端題：「光武八年十一月」，目錄，正文首行頂格題：「純明妃喪儀注謄錄」，首行下方註文小字，次行低二格題：「初終」。是書爲記錄隆溪皇帝后純明妃麗興閔氏國葬儀註，其中條目有：

　　一：初終、復、奠、易服、沐浴、襲。

　　二：襲奠、爲位哭、舉臨。

　　三：含、設冰、靈座、銘旌。

　　四：小斂、小斂奠。

　　五：治椑、大斂。

　　六：大斂奠、成殯、成殯奠。

　　七：成服、成服日每七日百日別奠、親行儀。

　　八：成服日每七日百日別奠、皇太子親行儀。

　　九：成服日每七日百日別奠、皇貴妃行禮儀、成服日百日宮內府別奠儀。

　　十：朝夕哭奠及上食、朔望奠。

　　十一：梓宮加漆儀、妃宮平時冊印內入儀、諡冊寶哀冊內入儀。

　　十二：諡冊寶哀冊內出儀、贈諡殯殿時宣詔儀。

　　十三：諡冊寶奉詣殯殿行禮儀、改銘旌後別奠儀。

　　十五：領詔權停例行禮儀。

　　十六：宮內府進香儀、親奠酌儀。

　　十七：親奠酌時，皇太子行禮儀、皇太子親進香儀。

　　十八：梓宮上字皇帝親書儀、梓宮上字皇帝親書時、皇太子行禮儀。

　　十九：梓宮結裏儀。

　　二十：梓宮結裏後別奠儀、啓殯儀。

　　二一：辭奠儀。

　　二二：祖奠儀、遣奠儀。

　　二三：發引儀。

　　二五：發引時皇帝哭送儀、發引時皇太子哭訣儀。

　　二六：路祭儀、遷奠儀。

三十：下玄宮時皇帝望哭儀、下玄宮時皇帝望哭時、皇太子陪參行禮儀、立主奠儀。

三二：返虞儀、返虞時皇帝哭臨儀。

三三：返虞時皇太子迎哭儀、安園奠儀、園所朝夕哭奠及上食儀。

三五：懿孝殿朝夕哭奠及上食儀、懿孝殿虞祭、皇太子親行儀。

三八：懿孝殿虞祭親行儀、懿孝殿虞祭親行時、皇太子行亞獻禮儀。

四三：懿孝殿卒哭祭皇太子親行儀、懿孝殿卒哭祭親行儀。

四八：懿孝殿卒哭祭親行時皇太子行亞獻禮儀。

五十：懿孝殿四時及歲暮皇太子親享儀、懿孝殿俗節正朝冬至清明端午秋夕朔望皇太子親享儀、懿孝殿練祭親行儀。

五八：懿孝殿練祭親行時皇太子行亞獻禮儀。

六一：懿孝殿祥祭親行儀。

六四：懿孝殿祥祭親行時皇太子行亞獻禮儀。

六七：懿孝殿再朞祭親行儀。

七十：懿孝殿再朞祭親行時皇太子行亞獻禮儀。

七二：懿孝殿奠酌禮親行儀。

七四：懿孝殿奠酌禮親行時皇太子陪參儀。

七五：懿孝殿奠酌禮皇太子親行儀、懿孝殿奠酌禮太皇帝親行儀、懿孝殿奠酌禮、太皇帝親行時皇帝行禮儀、懿孝殿奠酌禮親行儀。

后敬顯成徽純明孝皇后閔氏（1872～1904），爲大韓帝國第二任皇帝純宗李坧（1874～1926，其中1907～1910年在位，又名隆熙皇帝）嫡妃，本貫驪興閔氏，即朝鮮京畿道驪州郡人。父爲行左贊成贈領議政驪恩府院君忠文公閔臺鎬（1834～1884），母爲閔臺鎬繼室貞敬夫人宋氏。高宗9年（1872）10月20日生於陽德坊私第，高宗19年（1882）王世子李坧與閔氏於安國洞別宮行嘉禮，閔氏因而成爲世子嬪，光武元年（1897）10月14日冊封皇太子妃，高宗41年（1904）11月5日，世子嬪閔氏因水腫於慶運宮康泰室薨，得年32歲，終生未育。同年11月22日，定閔氏諡號爲「純明」，葬於金谷裕陵，園號裕康、殿號懿孝。隆熙元年（1907）追冊爲皇后。昭和3年（1928）追進徽號「敬顯成徽」。

純明妃輓章

朝賀金炳國

如雲繞德坊雍容儀度合珩璜天生姿質多聰慧過眼

靰不忘旭朝物采帶恩光百兩威儀在渭梁視膳委蛇

仍不退怡愉終日侍黃裳封　妃顯冊位彌尊堯舜之治入

尚論羣弟毫無驕傲色私恩不出濯龍門藥院神方較重輕

六宮粉黛忽吞聲瀜邊餘麓膺龜墨佳氣葱葱繞栢城萬姓

虩呼赴引期城東曉月動寂儀白頭老物嗟嬰疾伏枕潛然

寫輓詞

領敦寧院事沈舜澤

驪陽詩禮家世美趾沙麓　明成嗣徽音　仁顯垂介福皇

天降　賢妃瑞彩晨繞屋儀度合規矩德性資仁淑倪祥曆

韓國學中央研究院藏《純明妃輓章》。

27、卓鍾佶：《簡禮彙纂》

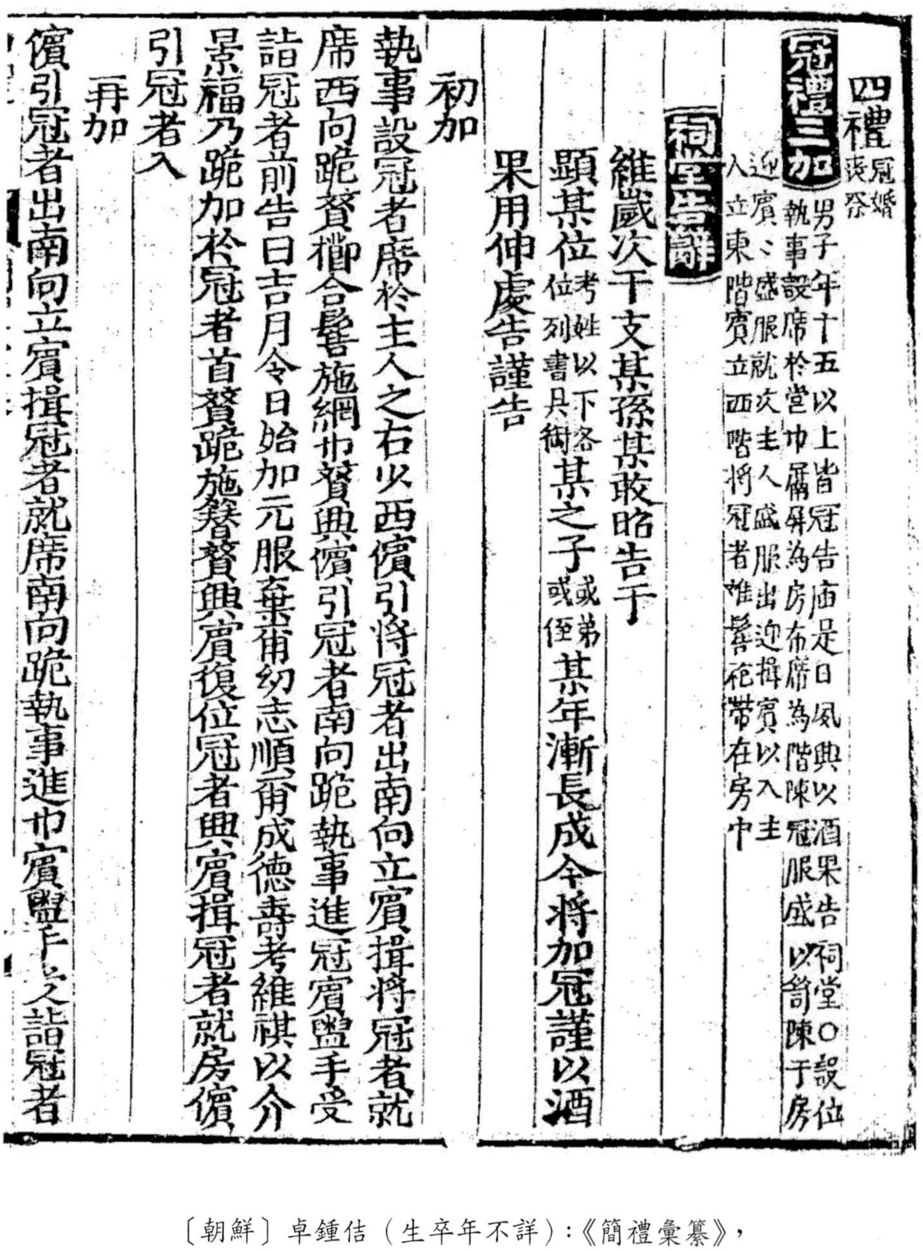

四禮冠婚喪祭
冠禮三加 男子年十五以上皆冠告廟是日夙興以酒果告祠堂○設位執事設席於堂中屬屛為房布席為階陳冠服盛以笥陳于房 迎賓賓盛服就次主人盛服出迎揖賓以入主入立東階賓立西階將冠者雙髻袍帶在房中
祠堂告辭
維歲次干支某孫某敢昭告于
顯某位考妣以下各位列書只銜某之子或弟或侄某年漸長成今將加冠謹以酒
果用伸虔告謹告
初加
執事設冠者席於主人之右以西賓引將冠者出南向立賓揖將冠者就
席西向跪贊櫛合髻施網巾贊興賓引冠者南向跪執事進冠賓盥手受
詣冠者前告曰吉月令日始加元服棄爾幼志順爾成德壽考維祺以介
景福乃跪加於冠者首贊跪施簪贊興賓復位冠者興賓揖冠者就房賓
引冠者入
再加
賓引冠者出南向立賓揖冠者就席南向跪執事進巾賓盥手之詣冠者

〔朝鮮〕卓鍾佶（生卒年不詳）：《簡禮彙纂》，
日本明治 44 年（1911）木活字刊本。

全書不分卷，共計六十卷，書中附圖。四周單邊，半葉框高二十點七公分，寬十七公分，每半葉十四行，每行二十二字，註文小字雙行。版心白口，上黑魚尾。全本框高二十七點九公分，寬十九點四公分。

表題：「簡禮彙纂」，「簡禮彙纂」目錄，正文首行頂格題：「四禮　冠昏喪祭」，次行黑底白字題「冠禮三加」，下端註文小字。

前卷爲冠、昏、喪、祭四禮，冠禮部份收錄的條目有：冠禮三加、祠堂告辭、初加、再加、三加、醮、字冠者、見廟。

婚禮部份收錄的條目有：婚書式、涓吉、納幣、告廟、婦見舅姑、見廟。

喪禮部份收錄的條目有：初終儀、訃告、治葬、啓殯祝、朝祖祝、遷柩廳事祝、祖奠祝、遷柩就舉祝、遣奠祝、開塋域祀土地祝、平土後祝、題主祝、徹朝夕奠祝、虞祭祝、祔祭祝、祔廟告辭、改題主告辭、合祭埋主祝、合祭祖以上祝、合祭新主祝〈禫月行祭考妣異板〉、奔喪儀、改葬儀、新山土地祝〈開塋域時〉、祠堂告辭、舊山土地祝〈啓墓時〉、啓墓告辭、虞祭祝。

祭禮部份收錄的條目有：時祭祝〈代各異板〉、忌祭出主告辭、忌祭祝、墓祭儀、祠土地儀、朔參儀、薦新節、薦新儀、登科告祝、焚黃改題儀、移安儀、改莎草告墓祝、祠土地祝、役畢慰安祝、立石告墓祝、祠土地祝、附國恤時變制儀。

喪禮部份的儀節有：初終、病革內外安靜、受遺書、屬纊、既絕乃哭、收屍、復、立喪主、主婦、護喪、易服、設奠、訃告、沐浴、設水、襲、設奠、飯含、小斂、設魂帛、書銘旌、置靈座、設奠、治棺、大斂、入棺、成殯、成服、朝哭、朝奠、夕奠、夕哭、望奠、俗節薦時食、薦新、漆棺、結棺、慰疏、答疏、慰狀、答狀、造主、土地祝、題主祝、治葬、卜山地、擇日開塋域、分金、穿壙、筑灰石、作地室、啓殯、朝祖、遷柩廳事、設祖奠、遷柩就舉、設遣奠、遂行、設靈幄、柩至、乃窆、贈玄纁、加橫帶、題主、遂行、成墳、反哭、虞祭祝、初虞、陳設、出主、降神、進饌、三獻、侑食、闔門、啓門、辭神、徹朝夕奠、再虞、三虞、卒哭、陳設、出主降神進饌、三獻、祔祭祝、附、陳設、出主降神進饌、三獻、小祥、陳設出主、易服、止朝夕哭、心喪、大祥、告廟、陳設出主易服降生進饌三獻、侑食闔門啓門辭神徹、奉主入祠堂、徹靈座、禫。

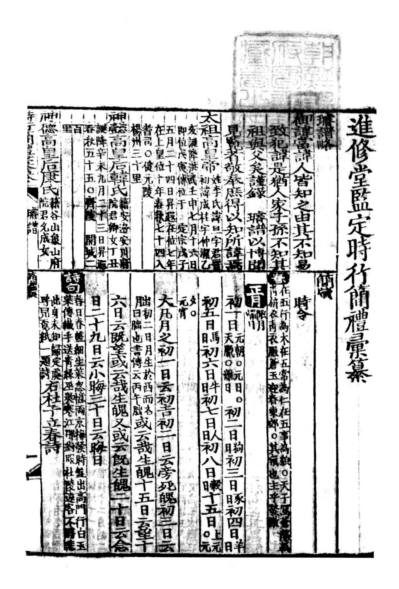

韓國國立中央圖書館藏大正五年（1916）

木活字本《進修堂監定時行簡禮彙纂》。

28、李應辰：《禮疑續輯》

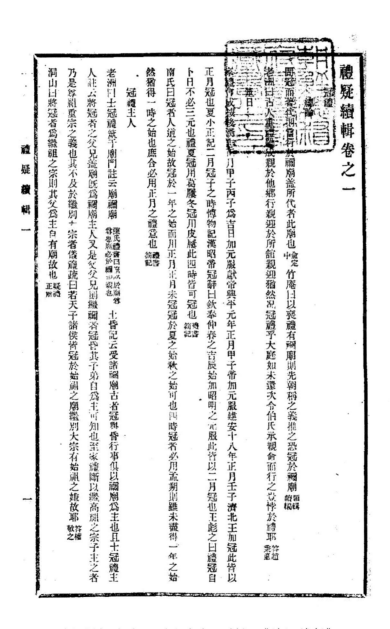

〔朝鮮〕李應辰（生卒年不詳）：《禮疑續輯》，
日本大正 4 年（1915）鉛活字刊本。

全書共計二十八卷，裝成一冊。四周單邊，半葉框高三十點五釐米，寬二十點九釐米，無界格，每半葉十六行，每行五十一字。版心白口，無魚尾，版心中端題《禮疑續輯》各卷卷次，下端記葉次。

表題：「禮疑續集」，正文前附「禮疑續輯正誤表」，序：「戊寅初秋下浣完山李應辰述」、《禮疑續輯》凡例十一則、引用書目凡五十一種，首卷首行頂格題：「禮疑續輯卷之一」，次行低一格題：「冠禮」，第三行低二格題：「總論」，跋：「壬子陽月後學宜山南廷哲謹跋」、「門下生月城后金商五謹跋」。

是書卷之一為冠禮、卷之二為婚禮、卷之三為喪禮，收錄的條目為總論、初終、遷正寢、男女不相褻、既絕、復之論四條、立喪主之論十條、襲之論十三條飯含十一條。卷之四為喪禮，收錄的條目有：小斂之論十四條、大斂之論五條、入棺之論五條、成殯之論六條、成服上之論十條。卷之五為喪禮，收錄條目為：成服中之論二十條、為嫁母出母服之論六條、為養父母服之論六條。卷之六為喪禮，收錄的條目為：成服下之論凡四十一條。卷之七為喪禮，收錄的條目為：上食之論二十一條。卷之八為喪禮，收錄的條目為：發引之論六十二條。卷之九為喪禮，收錄的條目為：虞之論為二十條、卒哭之論為六條、祔之論為二十條。卷之十為喪禮，收錄的條目為：小祥之論二十二條、大祥之論二十一條、祥後諸節之論七條、卷之十一為喪禮，收錄的條目為：禫之論十七條、禫後諸節之論九條、吉祭之論十六條、合櫝之節五條、埋祧主之論六條。卷之十二為喪禮，收錄條目為：喪中雜儀之論十六條、服中雜儀之論十條、心喪諸節十一條、書疏式十一條、喪中行祭之論二十一條。卷之十三為喪禮，收錄的條目為：父在母喪諸節十一條、妻喪諸節六條、長子喪諸節兩節、子婦喪諸節兩條、殤喪諸節四條、殤祭祝式十六條、出嫁生本生親喪諸節五條、妾子本生親喪諸節五條、師友喪諸節七條。卷之十四為喪禮，收錄的條目為：國恤之論十七條、喪變禮二十二條。卷之十五為喪變禮，收錄條目四十九條。卷之十六為喪變禮，收錄條目四十四條。卷之十七為喪變禮，收錄條目七十七條。卷之十八為喪變禮，收錄條目四十四條。卷之十九為喪變禮，收錄條目為五十七條。卷之二十為喪變禮，收錄條目九十一條。

卷之二十一為祭禮，收錄條目九十七條。卷之二十二為祭禮，收錄條目六十九條。卷之二十三為祭禮，收錄條目五十五條。卷之二十四為祭變禮，收錄條目五十四條、附錄六十八條。

禮疑類輯續編卷之一

冠禮

眾子之長子冠於阼階

問眾子自爲主而冠其長子則冠者似當在於阼階

上南鄉位耶　金在　厚齋曰似然

將東曲將北曲之辨

南塘曰宗廟在正寢之左外門在正寢宗廟之中間

始入外門東行乃至宗廟之前故曰將東曲既至廟

前又北行入廟門故曰將北曲　家禮源流疑輯

長子則布席于阼階之上之義

韓國國立中央圖書館藏未知年代寫本《禮疑續輯》。

29、梁珍泰：《喪禮抄要》

喪禮抄要

喪祭儀○初終疾病内外皆靜築氣絶乃
哭擗踊○抆瑰用死者上服衣衿中束留北向
三呼○其復布衣衽束帶鞋履易服髮裳子
女已嫁者不梳髮跣足廷尸沐浴襲飯含
有服口口皆去華飾

奠酒果為位設帷別内外蕡席薦席○
遷尸堂中主人元身布巾絰帶腰絰經髺
乃乾襲者裡括髮齊衰以下着頭巾○還
置靈座設裸幌設卓子香炉陳酒饌○小
奠祝交香獻酌單初皆再拜主人不参
代哭不絶報○大斂斂衣衾此代哭於主人
以下各故○成服方笠屈冠中衣袨萱履

〔朝鮮〕梁珍泰（生卒年不詳）：《喪禮抄要》，
日本大正5年（1916）多佳書鋪木活字刊本。

全書共二十八張，五十六面，半葉框高十二點六公分，寬六公分。四周雙邊，有界欄，每半葉六行，每行十五字，註文小字雙行，版心白口，上下黑魚尾紋，版心下端記葉次。

表題：「喪禮」。末頁有刊記：「大正五年十月二日朝鮮總督府警務總長許可，大正五年十月七日印刷，大正五年十月八日發行，不許複製」。

喪禮部份收錄的條目有：初終、氣絕乃哭、招魂、復、沐浴、襲、飯含、爲位、置靈座、設魂帛、小斂、祖、括髮、遷尸於堂、大斂、成服、朝夕哭奠、朝夕上食、薦新物、奔喪、聞喪、既葬先之墓哭拜、啓殯朝于祖、發引、窆、題主、罷朝夕奠、飲酒食肉、初虞、再虞、三虞、卒哭、祔祭、小祥、大祥、禫祭、吉祭、忌祭、參神、降神、進饌、三獻、侑食、闔門、茶禮、薦新、墓祭祭品、服制法、斬衰三年、齊衰三年、齊衰杖期、齊衰不杖期、大功九月、小功五月、緦麻三月、殤服、初喪諸具、襲具、喪服式、開塋域祠土地祝文式、題主祝、虞祭祝、山神祝、陵莎祝、改莎草祠土、改莎後慰安祝、有事告辭、吉祭改題主告辭、埋主祝、合祭主祝、改葬開塋域祠土地祝、告祠堂祝、歷代紀。

《喪禮抄要》後爲璿源世系及列聖繼序之圖：穆祖、翼祖、度祖、恒祖、太祖、定宗、太宗、世宗、文宗、端宗、世祖、睿宗、德宗、成宗、中宗、仁宗、明宗、宣祖、元宗、仁祖、孝宗、顯宗、肅宗、景宗、英祖、眞宗、正宗、純祖、憲宗。

30、魏啓泮：《四禮祝辭常變通解》

〔朝鮮〕魏啓泮（生卒年不詳）：《四禮祝辭常變通解》，
日本大正5年（1916）木活字刊本。

全書共計兩卷，裝成一冊，共計七十一張。四周單邊，半葉框高二十五點四公分，寬十六公分。有界格，每半葉十行，每行十行，每行二十三字，註文小字雙行，版心白口，內向黑魚尾，版心上端題「四禮祝辭常變通解」各卷卷次，下端記葉次，全本框高三十二點六公分，寬二十點二公分。

表題：「四禮祝辭常變通解」，序：「崇禎紀元後三辛酉（1801）陽月朔遂寧魏道儞書」，首卷首行頂格題：「四禮祝辭常變通解　上」，次行低一格題：「通禮」，第三行低二格題：「祠堂告辭」，第四行低三格題：「授官告辭」，跋：「從姪〔魏〕榮翰」、「歲丙辰（1916）五月日族玄孫魏啓沣謹書」。

喪禮部份收錄的條目有：訃告式、銘旌式、告于祠堂、母喪未葬而父歿小斂後使服、親者告于母之几筵辭、父喪三年內祖歿既發喪使服、輕者告于父之几筵辭、母喪未葬而父歿母葬時告辭、開塋域祠土地祝、後葬將合葬於舊墓者告墓辭、雙墳告辭、祔于先墓。葬禮部份收錄條目有：啓殯告辭、將朝祖廟焚香告辭、設祖奠告辭、將發引焚香告辭、既載舉設奠告辭、遷葬與新窆合窆者既到墓所告于新柩辭、初啓墓時告辭、既平土設奠告于山神祝、既題主設奠告辭、家貧不能立主告辭、死無子孫而族黨及朋友爲之葬者既畢封設奠墓前告辭、初虞祝、再虞祝、三虞祝、卒哭祝、祔祭祝、告新主祝、笏記、出主告辭、請新主入正寢告辭、支子奉新主就宗家告辭、父在喪而歿既祔告父之几筵辭、告于祖父几筵辭、支子行祔祭於私室宗子告廟辭、祖父主孫婦之祔祭者告妻辭、告亡子辭、小祥祝、爲子喪主練祭告辭、爲長子只服期年告辭、妻喪練制祝、母喪未期而父歿則回服母以期十一者練前三日告母之几筵辭、子婦喪舅爲主練祭祝、追服者練祭祝、長子奔喪告辭、同宮有喪未葬不能行練祥、禫日設奠告辭、大祥祝、擬改大祥祝、未設几筵而設虛位者祝、妻喪擬改大祥反禫祭祝、爲長子期者大祥及禫祭祝、禫祭出主告辭、吉祭改題主告辭、母先亡父喪畢改題主告辭、吉祭出主告辭、合祭埋主祝、合祭祖以上祝、合祭新主祝、孫承重者告先考祝、孫承重者祖父喪畢改題考妣告辭、忌祭出主告辭、妻忌祝、子忌祝、晦日忌祭告晦、閏月忌祭告辭、旅館忌祭告辭、父先亡母喪告辭、告妣位辭、初祖祭、先祖祭、禰祭、慰人父母亡疏式、父母亡答人慰疏式、慰人祖父母亡狀式、祖父母亡答人慰狀式、改葬服制、改題主、改題告辭、墓祭、祝文、祠土地祝、壙墓、改莎土告辭、隨錄合計考妣設饌序立之圖。

31、朴政陽：《告祝輯覽》

告祝輯覽

通禮　所以通關四禮故謂之通禮　弘庵日有家日用通行之禮亦

則先設祠堂易世則改題主而遞遷之

祠堂　家禮將營宫室先立祠堂於正寝之東為四龕以奉先世神主旁親之無後者以其班祔主　人晨謁於大門之內出入必告正至朔望則參俗節則獻以時食有事則告或有水火盗賊

出入告辭　告　右出　家禮近出則入大門瞻禮而行歸亦如之經宿而歸則焚香再拜遠出經旬則再拜焚香跪告又再拜而行歸亦如之

某將適某所敢告　告　右出

某今日歸自某所敢見　告　右入

朝奠告辭　補解酹神主當出何可昧然無告耶告日云此乃告朔之義○家禮宿齊具酒果及饌主人以下盛服與主婦率諸姑姊女執事者入門就位立定執事者盥洗

升每龕卓上設新果一大盤次陳每位盞盤各一於卓北端設茅沙於香案前陳設訖主人盥洗升搢諸考神主置于櫝前主婦盥洗升奉諸妣神主置于考東主婦以下先降復位主人盥洗升搢注酹酒先正位次附位○凡

人焚香再拜灌茅再拜降復位與在位者皆再拜辭神主人主婦升歙主搢之執事者升徹○香卓前再拜立少頃降復立與在位者皆再拜

告祝輯覽一　通禮　一　山水堂

〔朝鮮〕朴政陽（生卒年不詳）：《告祝輯覽》，
日本大正6年（1917）年山水堂鉛活字本。

全書不分卷，共一冊，一百零三張，半葉框高二十七點五公分，寬十七點七公分。每半葉十行，每行二十五字。版心白口，無魚尾，象鼻上端題：「告祝輯覽」。象鼻下端記：「山水堂」。

表題：「告祝輯覽」。小例：「濯泉錦城朴政陽編、述齋光山金宗洙校」。凡例九則、引用書目五十二種。文後附「服制歌」及「板行字誤正脫」。

喪禮部份收錄的條目有：初終之論四條〈卒逝告辭、祖喪中父死代服告辭、適孫承重而死次孫代服告辭、父有廢疾祖喪代服告辭〉、治葬之論十七條〈得山後几筵告辭、開塋域祝、祔祭先塋告辭、合葬告先葬位辭、雙墳告辭、遷柩告辭、朝祖告辭、喪中死者朝几筵告辭、遷柩廳事告辭、祖奠告辭、就舉告辭、遣奠告辭、祠土地祝、題主告辭、不立主告辭、追後題主告辭、母葬前父死母題主告辭〉、虞祭之論一條〈虞祭祝〉、卒哭之論二條〈卒哭祝、追行卒哭告辭〉、祔祭之論七條〈祖考位出主告辭、新主位出主告辭、祖考位祝、新主位祝、支子紙榜行祔宗子祖廟告辭、追後祔祭祖考位告辭、追後祔祭新主位告辭〉、小祥之論十三條、大祥之論十一條、禫祭之論六條〈卜日命辭、得吉告辭、出主告辭、禫祭祝、子若婦禫祭祝、有故不禫除服告辭〉、吉祭之論三十條、埋主之論四條〈奉往墓所時告辭、掘坎時當位墓告辭、埋主時祠版告辭、追後埋主告辭〉、不遷位之論八條〈吉祭時不祧位改題主告辭、吉祭時不祧位合祭祝、遞遷後不祧還奉宗家告辭、埋安後不祧奉出埋主告辭、埋主還奉後改題主告辭、不祧位造主當位墓告辭、題主後告辭、不祧位奉安時祠堂告辭〉、改葬之論八條〈開塋域祝、新舊合葬開塋域祝、遷墓合窆告先葬位辭、祠堂告辭、新舊合葬祠堂告辭、舊山祠土地祝、舊山先塋告辭、啓墓告辭、前期破墓告辭、新舊合葬啓墓告辭、考妣墓並遷合窆啓墓告辭、考妣墓同岡一遷一否不遷墓告辭、遷柩就舉告辭、發引告辭、祠土地祝、改葬虞祭祝、祠堂告辭〉、返葬之論四條〈啓行告辭、迎柩告辭、至家告辭、改棺告辭〉。

祭禮部份收錄的條目有：時祭之論十條、禰祭之論六條、忌祭之論六條、墓祭之論三條、榮墓之論一條、修墓之論八條、墳墓之論四條、龜祭之論一條、里社祭之論一條、附錄七條。

32、朴文鎬：《四禮集儀》

四禮集儀卷之一

冠禮

　告廟儀

正家以四禮，冠昏喪祭，禮之始也，將責成人之禮也，二十日弱冠，記今且自十五以上，能通孝經論語，粗知禮義，然後冠之，斯其美矣，必父母無朞以上喪，始可行之，而父在則可行，考集大功未葬，禮亦不可行。

追製冠經，塘過三月則以已葬慶之，宋之子將冠而有喪，雖三年之喪，因喪服而冠，記慶吉禮，注國恤成服時冠之，宋成年。

四禮集儀　卷之一 冠○告廟　一

〔朝鮮〕朴文鎬（1846～1918）：《四禮集儀》，
日本大正 11 年（1922）楓林精舍坊刻木活字本。

全書共計十卷，裝成五冊。四周單邊，半葉框高二十三點一釐米，寬十六點三釐米，每半葉十行，每行二十字，註文小字雙行。版心白口，內向一葉花紋魚尾，全本框高二十九點七釐米，寬十九點八釐米。

表題：「四禮集儀」。序：「時丁亥仲秋之既望也孤哀子寧海朴文鎬序」。《四禮集儀》引用書目凡一百五十種。末頁有刊記：「大正十一年三月五日印刷，大正十一年三月八日發行」。

是書卷之一爲冠禮，收錄的條目有：告廟儀、戒賓儀、三加儀、冠者見廟儀、禮殯儀、筓者見廟儀。卷之二爲昏禮，收錄的條目有：納采儀、納采告廟儀、納幣儀、親迎儀、親迎告廟儀、婦見舅姑儀、婦饋舅姑儀、婦見廟儀、奠菜儀、婿見婦父母儀。卷之三爲喪禮，收錄的條目爲：初終儀、襲儀、小斂儀、大斂儀、成服儀、朝夕哭奠儀、朝夕上食儀、葬後朔望俗節儀、奔喪儀、聞喪儀、吊儀。卷之四爲喪禮，收錄的條目有：治葬儀、開塋域祀后土儀、告先葬儀、穿壙作灰隔儀、啓殯儀、朝祖遷柩儀、親賓致奠儀、陳器祖奠儀、遣奠發引反墓儀、窆儀、祀后土儀、題主反哭儀。卷之五爲喪禮，收錄的條目爲：虞祭儀、卒哭儀、祔祭儀。卷之六爲喪禮，收錄的條目爲：小祥儀、大祥儀、禫祭儀、告遷改題儀。卷之七爲喪禮，收錄的條目爲吉祭儀、祭土地儀、歸胙餕儀、遷主埋主儀、改葬儀。卷之八爲祭禮，收錄的條目爲：始立祠堂儀、祭土地儀、晨謁儀、出入告儀、移還安儀、朔參儀、望參儀、授官登科告廟儀、焚黃儀、生子廟見儀。卷之九爲祭禮，收錄的條目有：時祭儀、祭土地儀、歸胙餕儀、禰祭儀、歸胙餕儀。卷之十爲祭禮，收錄的條目有：忌祭儀、墓祭儀、先祖墓祭儀、祭后土儀、歸胙餕儀、有事告墓儀、告后土儀、拜掃儀。

朴文鎬（1846～1918），字景模，號壺山，又號楓山、老樵，朝鮮海寧人，著名性理學家，主張「人物性同異論」，曾在楓林精舍講學，著述頗豐，著有《壺山集》、《女小學》、《心性本說》、《人物性考》、《古詩類考》、《論語經濟同異考》、《論語集註詳說》、《大學集註詳說》、《孟子集註詳說》、《周易本義詳說》、《詩集傳詳說》、《書集傳詳說》、《楓山記聞錄》、《中東古今人物稀有錄》、《四禮集儀》等書。

33、張福源：《喪祭聚選》

喪祭聚選

深衣　男女上衣

大帶

〔朝鮮〕張福源（生卒年不詳）：《喪祭聚選》，
日本大正 15 年（1926）張福源家鉛活字刊本。

　　全書不分卷，共三十五張。半葉框高三十八點七公分，寬十九公分。四周雙邊，有界欄，每半葉十二行，每行二十四字，註文小字雙行，每行三十五字，版心白口，上黑魚尾，版心中端題：「喪祭聚選」。

　　表題：「喪祭聚選　全」。序：「歲甲子南至月日張晉行序」。

　　喪禮部份收錄的圖式有：深衣、裳制、喪服總圖、斬衰三年、齊衰三年、齊衰杖期、齊衰不杖期、齊衰五月、齊衰三月、大功九月、小功五月、緦麻三月、裁闊領四寸圖、反摺闊領四寸爲左右適圖、裁加領圖、反摺向前圖、裁袵圖、兩袵相疊圖、加領於衣前圖、加領於後圖、裳制、神主全圖、神主前式、神主後式、櫝坐式、櫝蓋式、趺式、韜縫式、朝夕哭奠、上食圖、朔望奠及俗節圖、盒爐、虞卒祔大小祥禫吉祭圖。

　　喪禮部份收錄的條目爲：初終具、疾病遷居正寢、屬纊、遷尸、喪主、主婦、護喪、易服不食、訃告、沐浴、設冰、襲具、設奠、飯含、靈座具、銘旌之具、小斂具、大斂具、括髮具、入棺具、成服具、服圖式、本宗五服之圖、三父八母服之圖、三殤降服之圖、外黨妻黨服之圖、妻爲夫黨服之圖、出嫁女爲本生父母降服之圖、爲人後者爲本宗降服圖、妾服之圖、斬衰冠、齊衰冠、大功冠、小功冠、緦麻冠、心喪、朝奠、夕奠、朝夕上食、薦新、奔喪具、治葬、擇日開塋域、穿壙作灰隔、啓殯、祖奠、發引具、發引、至墓、下棺、祀后土、題主具、題主、成墳、墓祭、虞祭之具、虞祭、罷朝夕奠、慰父母亡疏、慰祖父母狀、小祥、止朝夕哭、大祥、大祥具、殤祭、吉祭具、改題具、告祠堂改題、改題告辭、長房死後移奉、埋主、祔位、立祠堂、神庫、正至朔望參、家廟焚改題、時祭、禰祭、忌祭具、墓祭。

　　張福源（生卒年不詳），字晉行，號妄愚窩，朝鮮關北人。張氏自幼受學於蓮潭池先生，「尤精於禮經，蒐集諸家喪祭難疑等節，抄成一篇，刊行于世（即《喪祭聚選》），專以牖俗爲務。嘗因節度使薦勸，遂起家歷仕內外，至慶興府使」。張氏被服常如儒生，行政專以德教，因此在關北一帶享有很高的聲譽。《聚選》一書，乃張氏「抄集常經原書，採付疑變諸說于各條下，其儀節度數，衡決難斷者，雖未周詳盡補，至於參以古今，通其常變，則亦足隨事考據。」張氏有《妄愚窩先生文集》、《妄愚窩崇慕集》等書存世。

34、金鼎銖：《四禮纂笏》

前期三日主人非宗子則必系於其最尊者之祖父自為告于祠堂當有設酒果焚香降神酹酒備此亦祝

次宗子若父自主之其告之祖父之宗子主之有故則命其

祝此告正位不告祔位則自稱以其最尊者為主○凡言祝版者用版長一尺

告祠堂家禮五寸以紙書於其上畢則揭而焚之○告畢乃○告享之

未冠亦不可行家禮

男子年十五至二十皆可冠必父母無期以上喪始可行大功

冠禮俗

祝版立於主人之左跪讀

告辭式

〔朝鮮〕金鼎銖（生卒年不詳）：《四禮纂笏》，
日本昭和 3 年（1928）東陽精舍木活字刊本。

　　全書共計兩卷，裝成一冊。四周單邊，半葉框高二十五點六公分，寬十六點六公分，有界線，每半葉十行，每行二十四字，註文小字雙行，版心白口，內向三葉花紋魚尾，版心中端題各卷卷次，下方記葉次，象鼻上端題：「四禮纂笏」。全本框高三十一公分，寬二十公分。書中鈐有：「朝鮮總督府圖書館藏書印」朱文方印、「朝鮮總督府警務局保轉本」朱文長方印。

　　表題：「四禮纂笏　一」，凡例五則，目錄，首卷首行頂格題：「四禮纂笏卷之一」，次行低一格題：「冠禮」，卷末有尾題及刊記：「昭和三年八月十五日朝鮮總督府許可指令九四三號，昭和三年九月二十日印刷，昭和三年十月十二日發行」。

　　是書卷之一爲冠禮、婚禮，卷之二爲喪禮，喪禮部份收錄的條目爲：初終、復、沐浴、襲、奠、爲位哭、飯含、靈座、魂帛、銘旌、小斂、祖括髮免髽、奠、大斂、成墳、設靈牀、奠、喪次、成服、朝夕哭、朝夕奠、朝夕上食、朔望奠、有新物則薦、俗節、生辰茶禮、吊者設奠、奔喪、治葬、開塋域祠土地、袝祭、合葬、穿壙、灰隔、刻誌石、大轝、翣、作主、啓殯、朝祖、祖奠、遣奠、發引、下棺、祠土地、下誌石、題主、返哭、成墳、出外死者返葬儀。

　　卷之三爲喪禮，收錄的條目有：初虞、再虞、三虞、卒哭、喪中先廟行祭儀、袝祭、小祥、大祥、禫祭、吉祭、祧遷、改葬。

　　卷之四爲祭禮，收錄的條目有：立祠堂、晨謁、出入必告、正至朔望參、有事則告、俗節薦、新物薦、祠宇修葺、四時祭、家間土地祭、忌祭、墓祭、改莎。

35、李桓翼：《百禮祝輯》

百禮祝輯

喪禮

初終

祭祝板焚以之○爲或問讀一尺聲高高五低寸（周尺）退溪曰祭時高以紙不可書祝文亦貼不於其要上

日使不在妨位又者曰得以聞子而可也○父或祭問母姑爲末安事祭則祖祝先文則壓讀尊之故耶猶沙溪可

言喪服者註棄不忍之言死也而

安檀弓侍云君子之持偽曰屬纊以俟氣絕○既家禮乃疾病遷居正寢內外

覆之司貨男女（長子無則長孫爲位）而哭○亡婦妻奠无則喪主妻護治喪

書之司立喪主人乃易服被髮扱上親哭○易铭旌設奠主人以死之

明棺日卒小斂遷主人哭以不絕各歸喪之次第三日大斂者死入之棺第設靈日床成于服柩

束哭乃盡設哀奠乃各哭服上入就主位然後婦朝親臨之吊

如五儀服而之朝夕各哭服與上同在宮巽死宮之玄孫似當親屬告替之告

喪逝告辭○梅屏山溪曰告不喪論同宮巽支之玄孫後用當親屬告替

孝玄孫某某或親某之 以某月某日喪逝敢告 當老洲曰告只

祖喪中父死代服告辭 梅山曰告時則不適用孫酒果服○同別春曰告適子○

遭父喪而亡

〔朝鮮〕李桓翼（生卒年不詳）：《百禮祝輯》，

日本昭和 4 年（1929）鉛活字刊本。

全書不分卷，共一卷，楮紙六十七張。四周雙邊，半葉框高十九點八公分，寬十三點八公分。有界欄，每半葉十二行，每行二十六字，註文小字雙行，版心白口，上下向二葉花紋魚尾，象鼻上端題：「百禮祝輯」，版心下端記葉次。全本框高二十五點五公分，寬十八公分。

表題：「百禮祝輯」，序：「裕山延安李桓翼增補，恥齋完山李德夏校閱歲在甲辰秋九月朔朝延安李桓翼序」。引用書目四十五種。

此書爲《告祝輯覽》之增訂本，喪禮部份收錄的條目有：初終之論四條〈喪逝告辭、祖喪中父死代服告辭、適孫承重而死次孫代服告辭、父有廢疾祖喪代服告辭〉、治葬之論十七條〈卜山後几筵告辭、祠土地祝文、同岡祖先墓告辭、合葬時先葬位告辭、雙墳告辭、啓殯告辭、朝祖告辭、喪中死者朝几筵告辭、遷柩廳事告辭、祖奠告辭、就舉告辭、遣奠告辭、祠土地祝文、題主告辭、不立主返魂告辭、追後題主告辭、無後者喪中立后改題主告辭、母葬前父死母題主告辭〉、虞祭之論一條〈虞祭祝文〉、卒哭之論二條〈卒哭祝、追行卒哭告辭〉、祔祭之論七條〈祖考位出主告辭、新主位出主告辭、祖考位祝、新主位祝、支子紙榜行祔宗子祖廟告辭、追後祔祭祖考位告辭、追後祔祭新主位告辭〉、小祥之論十三條、大祥之論十一條、禫祭之論五條〈卜日告辭、出主告辭、禫祭祝文、子若婦禫祭祝、有故不禫除服告辭〉、吉祭之論十五條、遞遷之論五條〈改題主告辭、長房家本祠堂告辭、長房死後次長移奉告辭、追後移奉告辭、長房有故權奉宗家別廟告辭〉、埋主之論四條〈將遷埋主時祠版告辭、埋祧主時告辭〉、改葬之論八條〈祠土地祝文、遷墓合窆告先葬位辭、祠堂告辭、新舊合葬祠堂告辭、舊山祠土地祝、舊山先塋告辭、啓墓告辭、前期破墓告辭、新舊合葬啓墓告辭、考妣墓並遷合窆啓墓告辭、考妣墓同岡一遷一否不遷墓告辭、遷柩就舉告辭、發引告辭、祠土地祝、改葬虞祭祝文、祠堂告辭〉、返葬之論四條〈啓行告辭、迎柩告辭、至家告辭、改棺告辭〉。

祭禮部份收錄的條目有：忌祭之論四條、墓祭之論三條、修墓之論十二條、告廟之論三十條、外祀之論十二條、書式〈婚書式、皋復、訃告書式、銘旌書式、吊儀、服制式、衰服圖解、啓期書式、慰人父母亡疏書式、答人慰疏書式、慰人祖父母亡狀、題主書式、陷中書式、紙榜書式、祭儀、喪中行祭儀、陳設圖〉。

36、崔相奎：《四禮常變告祝》

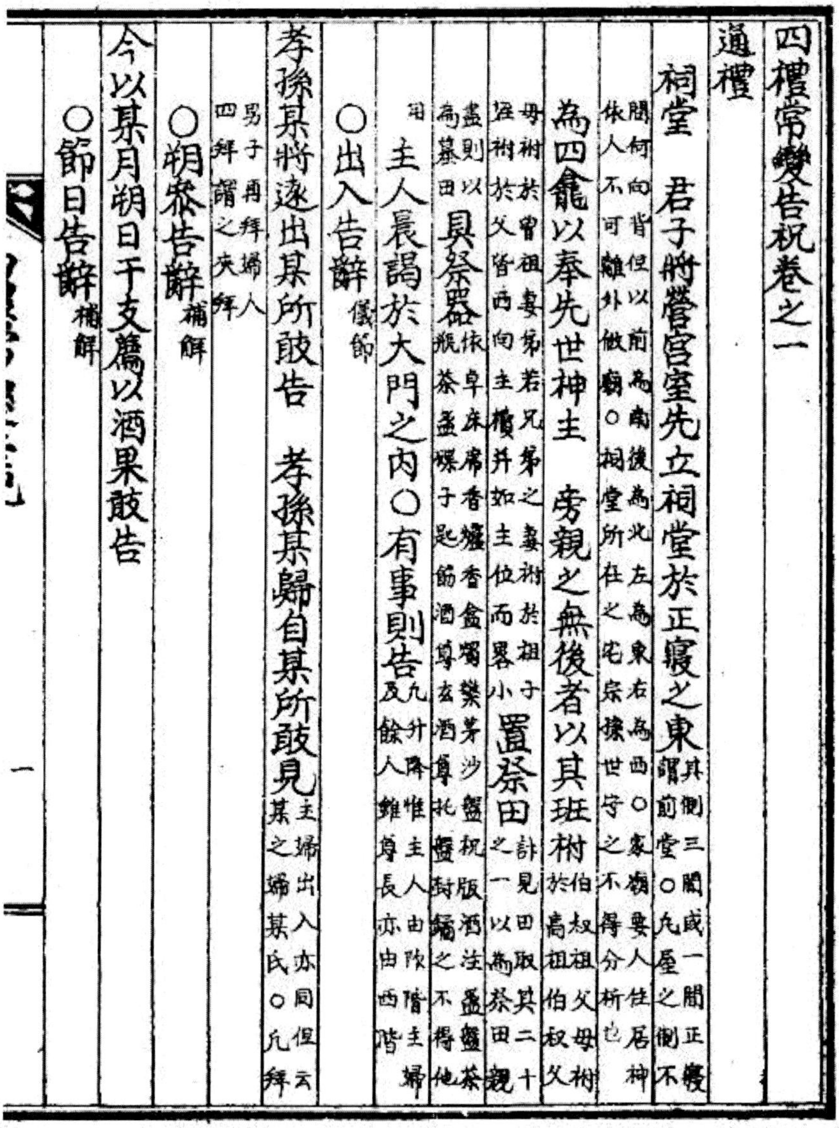
四禮常變告祝卷之一

通禮

祠堂　君子將營宮室先立祠堂於正寢之東其制三間或一間正寢謂前堂○凡屋之制不問何向背但以前為南後為北左為東右為西○家廟要人住居神依人不可離外做廟○祠堂所在之宅宗孫世守之不得分析也

為四龕以奉先世神主　旁親之無後者以其班祔伯叔祖父母祔於高祖伯叔父母祔於曾祖妻弟若兄弟之妻祔於祖子姪祔於父皆西向主櫝并如主位而略小　置祭田計見田取其二十之一以為祭田親盡則以為墓田　具祭器依卓床席香爐香盒燭檠茅沙盤祝版酒注盞盤茶瓶茶盞楪子匙筯酒尊玄酒尊托盤封鑰之不得他用

主人晨謁於大門之內○有事則告凡升降惟主人由阼階主婦及餘人雖尊長亦由西階

○出入告辭儀節

孝孫某將遠出某所敢告　孝孫某歸自某所敢見主婦出入亦同但云某之婦某氏○凡拜男子再拜婦人四拜謂之俠拜

○朔參告辭補辭

今以某月朔日干支薦以酒果敢告

○節日告辭補辭

〔朝鮮〕崔相奎（生卒年不詳）：《四禮常變告祝》，

日本昭和 5 年（1930）匯東書館石活字刊本。

全書不分卷，共一冊，楮紙一百零一張。四周雙邊，半葉框高二十七點五公分，寬十九點五公分。版心白口，上三業花魚尾，版心中端題：「四禮常變告祝」，下方記葉次。

表題：「四禮常變告祝」，首卷首行頂格：「四禮常變告祝卷之一」，次行頂格題：「通禮」，卷末有尾題。

喪禮部份收錄的條目有：

初終：有喪告廟、得山後几筵告辭、開塋域祠土地祝、葬于先塋、局內最尊位告辭、合葬時先葬位告辭、啟殯告辭、初祖告辭、祠堂告辭、遷柩廳事告辭、祖奠告辭、發引告辭、遣奠告辭、下棺告辭、祠土地祝、題主祝、虞祭祝、卒哭祝、祖考位出主告辭、新主位出主告辭、祖考位祝、新主位祝、小祥祝、大祥前一日祔廟告辭、大祥祝、祔祭、禫祭卜吉告辭、出主告辭、禫祭祝、次月朔參合櫝告辭、吉祭前一日祠堂告辭、几筵告辭、吉祭前一日改題告辭、改題祝、出主告辭、合祭祧主祝、合祭祖以上祝、合祭新主祝、父喪姚位存合祭考位祝、母先亡父喪合祭考位祝、母先亡父喪改題姚位告辭、父先亡母喪合祭姚位祝、父母并喪合祭考位祝、父先亡母喪禫月合祭考位祝、父先亡母喪禫月合祭姚位祝。

遞遷：最長房遷奉祧主告辭、祧主改題告辭、出主告辭、祧主遷奉時長房告辭、長房家本祠遷奉改題告辭、祧主入室祠堂迎降告辭、最長房喪畢次長房遷奉告辭、次長房改題告辭、長房喪畢吉祭奉遷告辭、最長房有故次長房遷奉祝、長房有故仍奉宗家別廟祝、追後移奉告辭。

埋安：長房死後合祭親盡祖位祝、埋主將遷告辭、埋安時墓所告辭、追後埋主告辭、埋安時祠土地祝。

忌辰：出主祝、忌祭祝、時祭祝。喪中立後發喪告辭、本親喪中出後者本親几筵改服告辭、喪出後立後先廟告辭、葬後練改立後書狀服日改題告辭、嫡孫承重而死次代祖嚴几筵告辭、兄殯告辭、祖喪中死其子代服祖几筵告辭、父殯告辭、葬後期後立後追喪者本忌日告辭、追行小祥前一日告辭、十一月練祭、草殯者啟殯、改棺告辭、客葬祠土地祝、權窆告辭、新山開塋域祠土地祝、改葬位出主告辭、前一日祠堂告辭、舊山祠土地祝、啟墓告辭、遷柩告辭、發引告辭、葬後祠土地祝、虞祭祝、告墓祝、出主告辭、葬畢祠堂告辭。

合葬：同原異墳告辭、護墳告辭、母喪權窆告辭、新舊合葬告辭、新舊合葬啟墓告辭、新舊合葬開塋域祝、舊山先塋告辭、前期破墓告辭、祠土地祝、合葬時告先塋祝、父葬時遷母墓告辭。

37、丁彥章：《喪禮集要》

喪禮集要上卷

無錫丁彥章梓仁纂

原　經

子曰禮之所與象之所治也禮之所廢象之所亂也
人有禮則安無禮則危故曰禮者不可不學也
道德仁義非禮不成教訓正俗非禮不備

立教於上示訓於下

（喪大記篇）

屬纊以俟絕氣

纊音曠纊綿也新絮也　用絲綿蓋於將死者之口及鼻以眡有
無呼吸之氣以俟絕氣

始死遷尸於牀幠用斂衾

〔清〕丁彥章（生卒年不詳）：《喪禮集要》，
韓國國立中央圖書館藏中華民國 22 年（1933）鉛活字本。

全書共計三卷，裝成一冊，四周雙邊，半葉框高二十九點八公分，寬十七點八公分，無界欄，每半葉十四行，每行二十三字，註文小字雙行。版心粗黑口，上黑魚尾，象鼻上端題：「喪禮集要」。

表題：「喪禮集要」，扉頁中端題：「喪禮集要」，左端題：「癸酉仲秋」，右端題「錢扼皇書崇名山」。題跋：「斗轉月未落，舟行夜已深。有村不知遠，風便數聲砧」、序：「中華人民造國之二十二年六月二十日無錫錢基博謹序」、「壬申涂月上浣同邑嚴懋功謹序」，跋：「癸酉春二月陽湖錢扼皇敬跋」、「壬申立秋後二日頌陀記」、「癸酉季秋錫山丁彥章自識」。

全書分原經、酌古、餘論三卷。首卷首行大字題：「喪禮集要上卷」，次行低十二格題：「無錫丁彥章梓仁纂」，第三行低兩格大字題：「原經」。

原經部份收錄的條目有：屬纊以俟氣絕、始死遷尸於牀用斂衾、小斂、父母之喪哭無時、父母之喪居倚廬不塗、斬衰、齊衰、大功、小功、緦麻服不食、既虞、卒哭、蔬食水飲、不食菜果、柱楣翦屏、苄翦不納、既練居堊、既祥黝室、祥而外無哭者、禫而從御、吉祭而復寢、擗踊、帷殯、朝夕哭、練、葛絰繩屨、三年之喪、喪有四制、喪三年以爲極、喪禮哀戚之至、拜稽顙、成壙而歸、始死脯醢之奠、喪具、弁絰葛、棺槨、薦新、朝奠夕奠、卒哭而諱、殷練而祔、喪從死者、五廟之孫、有父之喪、並有喪如之何何先何後、祖之相爲等條。

酌古部份收錄的條目有：有疾遷居正寢、女居內喪、初終、既終、子號哭、擗踊、去冠、被髮、徒跣、諸婦女子去笄、期功以下、丈夫素冠、婦人去首飾、節易素服、男哭牀東、女哭牀西、異向、作魂帛、爲位於尸東、前設案、奠閣餘、脯醢酒果用吉器、立喪主、主婦、護喪司賓司書贊祝諸執事人、治棺及凡喪具、牀東置案、陳沐浴巾櫛含具、以巾東之、抗衾而浴、拭以巾、訖、結襲衣、縱置於牀、南領、舉尸易牀、徹浴牀浴具、埋巾櫛及餘水於屏處、廼去斂衾、襲常服朝服、冢面巾、喪主以下爲位而哭、執事者執含具前、喪主起盥等條。

餘論部份收錄的條目有：明器之義、論弔喪、論謝孝、論回煞、論停喪不葬、論志墓文、論畫像、論墓祭、論忌日。餘論後爲《喪禮集要附錄》，收錄禮書目錄二十二種，收錄禮家題名四十一人。

38、金泳富：《喪禮諺解》

喪禮諺解卷之一

初終이라

病이구치못하게되거든 平牀에褥와 자리펴 正寢이대청의뭇코

子女한가지로 붓드러 平牀위에 東녁으로머리두고새옷을위

덥고 內外安靜케하야 手足을各各잡으라

이믜絕命하거든 이에울라

이믜絕하게되거든 풀솜을입과코새이에노와 솜이움지기지

안거든 尸體를 반듯하게뉘여손과발을거두고 나무筋한아로

입을다무리지안케하고 이불덥고 男女哭擗을드리는개뎌 함을수

업시하라

復하라 는초혼말이한다

〔朝鮮〕金泳富（生卒年不詳）：《喪禮諺解》，
日本昭和10年（1935）漢城圖書株式會社鉛活字本。

全書共計兩卷，裝成一冊，書中配插圖。四周雙邊，半葉框高二十點五公分，寬十四點五公分，無界格，上黑魚尾。全本框高二十六公分，寬十八公分。

序：「癸酉陽月　日壺山宋毅燮書」、「天啓三年癸亥十月　日沙溪老夫書」、「崇禎紀年元後三十八年乙巳六月日恩津宋時烈跋」、小解：「玄默涒灘復之上浣平陽朴魯重識」、凡例四則、今刊凡例三則、跋：「甲戌仲冬日完山後人李學根謹跋」。

初終、復、疾病遷尸正寢、初終及復男女哭擗圖、喪主、主婦、護喪、棺、棺全圖、七星板圖、訃告、沐浴、襲、奠、主人以下爲位哭、飯含、箱圖、椀圖、椸圖、銘旌、銘旌圖、附圖、執友親厚、遷尸沐浴襲奠爲位、飯含卒襲設靈座親厚入哭圖、小斂、小斂之圖、大斂、大斂之圖、立銘旌設靈座及奠之圖、小斂奠、依廬圖、五服吊、朝哭、朝奠、夕奠、夕哭、朔日殷奠、望日殷奠、奔喪、聞喪、聞喪未得行爲位哭圖、四角巾圖。

襲斂衣服圖說、綱巾圖、幎目圖、充耳圖、握手圖、緇布冠圖、幅巾圖、深衣圖、大帶圖、黑履圖、玄冒黼殺、掩圖、舒絹、銘旌跗、柩衣、小斂之圖、依廬圖、喪服圖說、喪服冠經、裁闊領四寸圖、反摺闊領四寸爲左右適圖、裁加領圖、反摺向前圖、裁袵圖、兩袵相疊圖、加領於衣前圖、加領於後圖、裳制、服制圖、斬衰冠、齊衰冠、大功冠、小功冠、緦麻冠、蓋頭、斬衰首経、齊衰首経、斬衰腰経、斬衰絞帶、小功以下腰経、齊衰以下絞帶、苴杖菅履、削杖疏履、本宗五服之圖、三父八母圖、三殤降服之圖、外黨妻黨服之圖、妻爲夫黨服圖、出嫁女爲本宗降服圖、己爲姑姊妹女子女孫適人者服圖、丈夫婦人爲大宗服圖、大夫降服或不降圖、妾服圖、爲人後者爲本宗降服圖。

附祝文式：啓殯祝、朝祖祝、遷柩就廳事祝、祖奠祝、遷柩就舉祝、遣奠祝、開塋域祠土地祝、告先塋祝、告先葬祝、平土後祠土地祝、題主祝、虞祭祝、再虞祝、三虞祝、卒哭祝、祔祭時出主告辭、奉新主告辭、祔祭祝、告亡者祝、小祥祝、大祥祝、禫祭祝、吉祭祝、親盡埋主祝、合祭祖以上祝、埋祧主時祝、祧主改題主、忌祭祝、出主告辭、祧墓歲一祭祝、祀土地祝。

是書爲金泳富、全炳壽等人輯錄《家禮》與《喪禮備要》二書之喪禮條目而成，全書漢、諺文結合，其目的在於「挽近喪禮不講之日，不幸遭難之家，急劇送終之際，詳考此解而行之。」

39、洪鍾洙：《四禮要選》

〔朝鮮〕洪鍾洙（生卒年不詳）：《四禮要選》，
日本昭和 13 年（1938）木活字刊本。

全書共計八卷，裝成乾、坤兩冊。四周雙邊，半葉框高二十點八釐米，寬十六點八釐米，有界線，每半葉十行，每行十八子，註文小字雙行，版心白口，內向二葉花紋魚尾，全本框高二十九點五釐米，寬十九點三釐米。

表題：「四禮要選」，分乾坤兩冊。全書分通禮、冠禮、婚禮、喪禮、祭禮。卷前爲兩序：「歲青蛇重陽月上浣驪江後人李能學謹序」。「乙巳八月望南陽洪在謙書」，卷末爲跋：「赤午（1937）南光鎮跋」。序後爲「四禮要選引用書籍先儒姓名編次目錄卷一」，引用古籍凡一百三十二種。

是書卷之一爲通禮，收錄條目有：祠堂、宗法、居家雜儀、居鄉雜儀。

卷之二爲冠禮、婚禮，收錄的條目有：冠、三加、醮、字冠者、冠者見于祠堂、簡便行禮、議昏、納采、納幣、親迎、婦見舅姑、婿見婦之父母。

卷之三爲喪禮，收錄的條目有：初終、沐浴、襲奠、爲位、飯含、小斂、祖、括髮、兗、髽、奠、代哭、大斂、成服、朝夕哭、上食、弔、奠、賻、聞喪、奔喪、治葬、遷柩、朝祖、奠、賻、陳器、祖奠、發引、及墓、下棺、祠后土、題主、成墳、反哭、虞祭、卒哭、祔、小祥、大祥、禫、吉祭、改葬、返葬。

卷之四爲祭禮，收錄的條目有：四時祭、初祖、先祖、禰、忌日、墓祭、修改墳墓、居家祠土地、祀龜、焚黃祭。

卷之五爲國恤禮，收錄的條目有：君喪易服、戒令、舉臨、外臣聞君喪、散官士庶人聞君喪、出使外國君聞喪、成服、服制、雜儀、歷代方喪沿革、服制通論、國恤中婚姻通論。

卷之六爲弔狀文，收錄的條目有：致賻奠狀、謝狀、弔祭文、門狀、榜子、慰人父母亡疏、父母亡答人慰疏、慰人祖父母亡啓狀、祖父母亡答人啓狀、祖父母父母亡謝人弔賻會葬疏、祭后書式、歸胙于所尊書、所尊復書、祝辭措語、祝文、祝文儀節。

卷之七爲疑禮蒐證，收錄的條目有：祠堂、冠、昏、喪、上食、弔、聞喪、葬、題主、治墳、虞、卒哭、祔、小祥、大祥、禫、吉祭、合葬、改葬、居喪雜儀、書疏。卷之八爲執事冠服器物凡具，收錄的條目有：冠禮具、笄禮具、婚禮具、喪禮具、治葬具、虞卒哭祔小大祥禫具、改葬具、時祭具、忌祭具、墓祭具。

40、李機衡：《諸禮祝輯》

喪禮祝式

始死之日祠堂告辭（病卒子官次 或某地敢告）

幾代孫（極尊位 計代數）某（告亡者非宗子則宗子云某之某觀某）

今日以疾不起敢告（若客死則改日某月某日）

發喪變禮告辭（服 告人 代告）

喪出後立后者（礼無發喪告辭而著 有變礼則不得不告之）

某之子某立用爲後今日發喪敢告

祖父母喪中父死則其子代服時

祖幾筵告辭（祖父喪曰先考服斬 祖母喪曰先妣服齊）

先考服斬未葬見背喪無無主禮有代服茲以今日孤孫

某代服敢告（今未卒哭未小祥隨時變改 ○或卒哭或小祥大祥隨改）

父几筵告辭

先考服斬未葬下世體心代服古有其禮茲以今日

孤子某代服彌增罔極敢告（未葬未卒哭未小祥大未祥隨之）

父有廢疾替子攝主告辭（服人 代告）

諸禮祝輯

〔朝鮮〕李機衡（生卒年不詳）：《諸禮祝輯》，
1964年鉛活字本。

全書不分卷，共五十張。四周單邊，半葉框告二十六點六公分，寬十七點六公分。版心白口，上黑魚尾，版心中端題「諸禮祝輯」，下方記葉次。

表題：「諸禮祝輯」。序：「癸卯（1963 年）陽月下浣全義李道衡序」。正文首行低四格題：「喪禮祝式」，次行低二格題：「始死之日祠堂告辭」。

全書收錄的條目有：家廟圖及設位圖、家廟圖及周尺及神主式、主櫝式及冠帶圖、深衣圖及陳設圖、初終儀及小斂圖、大斂及喪服制度、喪服及帶冠圖、銘旌、雲亞翣、紙榜、本宗五服圖及夫黨服圖、外族母黨妻黨圖、外族母黨妻黨服圖、三父八母、喪禮祝式、葬禮祝式、合葬祠土地告先塋、告先葬祝、權窆告辭、啓殯告辭、入棺告辭、父几筵告辭、母几筵告辭、次孫攝主告辭、次子權攝告辭、改服告辭、虛葬告辭、朝祖告辭、魂帛往宗家告辭、難行朝祖者告廟辭、几筵告辭、遷柩告辭、祖奠、發引告辭、遣奠告辭、祠土地祝、虛葬祠土地祝、題主祝、虛葬題主祝、初虞祝、再虞祝、三虞祝、卒哭祝、祔祭諸節、紙榜行祀祖廟告辭、亡者位告辭、祔祭退行告辭、几筵告辭、練祭前一日告辭、練祭祝、替行練祭告辭、父几筵告辭、退行告辭、追行告辭、小祥祝、祔廟告辭、几筵告辭、大祥祝、祠堂告辭、禫祭祝、虞祭變禮、告伯叔父母先兄告嫂、告姊妹告妻、告弟告弟婦告子、告子婦告孫告孫婦、告夫婦人使人攝主告辭、幼兒使人攝主告辭、改葬諸節、開塋域祠土地、祔墓祠土地、葬前告祠堂、權窆者完葬几筵告辭、舊山祠土地、破舊墳祠土地、啓舊墓祝、客葬者破墓告辭發引、遣奠祝、葬後祠土地、告墓祝、虞祭祝、改莎時祠土地、改莎祝、慰安祝、立石諸節祠土地、石物追改告辭、立石後慰安祝、墳墓水火慰安告、墳被人掘慰告辭、疑冢告文、啓櫬告辭、齋室開基祠土地、齋室重修祠土地、吉祭諸節、改題告辭、母先亡父喪畢妣位神改題告辭、承重者考妣神主改題告辭、次孫奉祀改題告辭、遞遷告辭、埋主告辭、將遷告辭、告墓辭、埋安時祠土地遷奉祧主告辭、祧主改題告辭、本祠堂告辭、次長房遷奉告辭、遷奉後改題告辭、常祀諸節、時祭祝、受胙嘏辭、家祭土神祝、忌祭出主祝、忌祭祝、墓祭祝、遠代歲一祭祝、祔笏記、土地神祝、生辰祝、生進告辭、文武及第告辭、授官告辭、貶官告辭、科宦榮墳告辭、祠土地、赴任時奉廟告辭、奉還告辭、還安告辭、追贈告辭、追贈改題告辭、焚黃告辭、孝行贈職告辭、改題告辭、旅閭告辭、導學贈職告辭、焚黃告辭、生子告由、修廟還安告辭、買家移安告辭、慰安告辭、几筵

告辭、追成神主告辭、題主祝、虞祭祝、合櫝告辭、亡失神主改題、虞祭、還安告辭、改題、題主奠祝、櫝蓋改備告辭、祔外祖奉祀、移安祝、忌祭祝、外先祖埋安祝、外先祖墓祭祝、書疏式、父母喪答慰疏。

41、柳永善：《四禮提要》

四禮提要卷一　　　　　高興後人柳永善編纂

冠禮

冠

男子年十五至二十皆可冠父母無朞以上喪始可行之（亦大功末可行）

前期三日主人（冠者之祖父自為之）告于祠堂

維年號幾年歲次干支幾月干支朔幾日干支孝玄孫（之嫡孫隨屬稱下）某官某敢昭告于　顯高祖考某官府君　顯高祖妣某封某氏（之曾祖考妣祖考妣非冠者所列書之非位別子某之某　冠某子某行冠禮）子某年漸長成將以某月某日加冠於其首謹以清果用

伸虔告謹告（告者宗子告廟自沒若宗子非冠者之父則冠者告之當具位當位）

戒賓　主人擇朋友賢而有禮者為賓賓自擇其子弟親戚習禮者為贊

〔韓〕柳永善（1893～1970）：《四禮提要》，
1967年辯敬堂鉛活字本。

　　全書共計兩卷，裝成一冊。四周雙邊，半葉框高二十七點八公分，寬十八公分，有界格，每半葉十二行，每行二十四字，註文小字雙行。版心白口，上黑魚尾，版心中端題卷次，下方記葉次。

　　表題：「四禮提要　全」，首卷首行題：「四禮提要卷之一」，次行低十七格題：「高興後人柳永善編纂」，第三行第一格題：「冠禮」，第四行第兩格題：「冠」。後題：「玄黓執徐（壬辰，1967）季冬日高興柳永善書于淵冰草廬」。

　　喪禮部份收錄的條目有：護喪、相禮、祝、司貨、諸執事、易服不食、奠、治棺、告廟、訃告式、掘坎、陳襲衣、諸具、陳沐浴飯含之具、沐浴、襲、遷尸堂中、爲位而哭、飯含、卒襲、設燎、立銘旌、小斂、設奠具、大斂、乃大斂、朝夕哭奠、成服、斬衰三年、齊衰三年、齊衰杖期、齊衰不杖期、齊衰五月、齊衰三月、大功九月、小功五月、緦麻三月、殤服、心喪三年、服制式假、朝奠、朝上食、夕上食夕哭、有新物則薦之、吊慰、狀式、皮封式、謝狀式、祭文式、門狀式、榜子式、吊禮、答人慰疏式、慰人祖父母亡狀式、聞喪、治葬、擇日開塋域祠土地、作灰隔、刻誌石、造大轝、作主、啓殯、奉柩朝于祖、遂遷于廳事、親賓致奠賻、設遣奠、祝奉魂帛升車、發引、途中遇哀則哭、及墓、親賓次、方相至、靈車至、遂設奠而退、柩至、乃窆、主人贈、加灰隔蓋、實以灰、祠土地於墓左、下誌石、題主、反哭、祝奉神主入置于靈座、廬墓。

　　初虞、再虞、三虞、卒哭、祔、小祥、大祥、止朝夕哭、禫、吉祭、居喪儀、改葬、遂穿壙作灰隔皆如始葬之儀、改莎草告墓祝、改莎草祠土地祝、追後埋誌石告辭。

　　祭禮部份收錄的條目有：祠堂、具祭器、出入必告、正至朔望則參、俗節則獻以時食、有事則告、四時祭、禰祭、忌祭、墓祭。

42、佚名：《家禮便覽》

家禮便覽 全

初終疾病　則病者有命書之

內外安靜以俟氣絕男子不絕於婦人之手婦人不絕於男子之手也○問將逝者之

漢曰母欲見之則奈何南既絕乃哭收手足或布手巾張

枕之○凡僵足者載用木後以新去棱少許覆面又以衾

霞之男女哭擗（擗謂兩手交以撫心而哭也）

復侍者以死者之上服嘗經衣者左執領右執腰北面

招以衣三呼曰某人復男子稱名（或稱某官某公少者則）

猶不宜呼名長者則不必呼名今淮南風俗民有暴死則使女

之數餘人米其居屋及於路傍遍呼之亦有蘇活者豈復○

〔朝鮮〕佚名（生卒年不詳）：《家禮便覽》，
朝鮮未知年代寫刻本。

全書不分卷，共一冊，七十四張，半葉框高三十二點六公分，寬十九點九公分。四周雙邊，有界欄，每半葉十行，每行二十一字，註文小字雙行。版心白口，上黑魚尾。

表題：「禮鑑　大典」。

喪禮部份收錄的條目有：初終疾病、既絕乃哭、復、易服、妻子皆被髮徒跣、立喪主、主婦、不作佛事、通訃書、告祠堂、護喪、沐浴具、襲具、飯含具、小斂具、銘旌具、魂帛具、靈座具、大斂具、靈牀具、盧墓具、賻儀受答式、成服具、斬衰服、齊衰服、齊衰杖期附、齊衰不杖期服、齊衰三月服、齊衰五月服、大功服、小功附、緦麻服、童子服、殤服、朝哭、朝奠、朝夕上食、夕奠、夕哭、朔望奠、造主時、著漆具、結裹具、開塋域時、開金井時、啓殯、朝于祖、遷于廳事、發引時、及墓儀、下棺時、山神祭、題主時、成墳具、返虞時、虞祭儀、再虞遇柔日、三虞遇剛日、卒哭、祔祭、小祥、大祥、禫祭、吉祭、齋戒式、時祭儀、忌祭儀、墓祭儀、山神祭儀、參禮儀、薦新儀、告廟儀、奔喪之具、改莎草時、祠土地祝、告墓祝、立石物時、告先塋祝、立石後慰安祝、改葬之具、開塋域祠土地之儀、告先塋儀、祠土地之儀、虞祭儀、告祠堂之儀、慰人父母亡疏、父母亡答人慰疏〈承重者同〉、慰人祖父母亡啓狀、祖父母亡答人啓狀、謝人弔贈會葬疏儀節、親切處別式、參考儀等條。

43、佚名：《二禮通考》

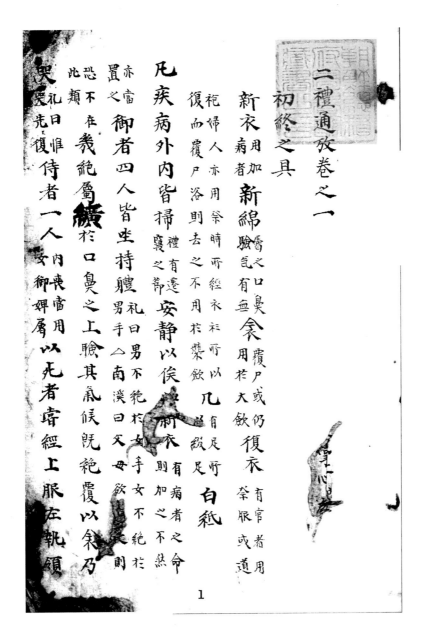

〔朝鮮〕佚名（生卒年不詳）：《二禮通考》，
朝鮮未知年代寫刊本。

全書共計兩卷，裝成兩冊，半葉框高三十二點七公分，寬二十四公分。

表題：二禮通考　一，凡例六則，引用書目四十三種。四周無邊框、界欄，每半葉八行，每行二十二字，註文小字雙行，無魚尾。

表題：「二禮通攷　一」，首卷首行題：「二禮通攷卷之一」，次行低一格題：「初終之具」。

喪禮諸具收錄的條目有：初終之具、易服之具、治棺之具、訃告書、遷尸之具、沐浴之具、設水之具、襲具、飯含之具、奠具、爲位之具、靈座之具、魂帛之具、銘旌之具、小斂之具、環絰之具、奠具、括髮免髽之具、絰帶之具、大斂之具、成殯之具、靈牀之具、成服之具、弔者致奠賻狀、謝狀、慰人父母亡疏、慰人祖父母亡啓狀、祖父母亡答人啓狀、奔喪之具、開塋域祠土地之具、穿壙之具、窆葬之具、治葬、擇日開塋域祠土地、朝祖之具、發引之具、祠土地之具、題主之具、成墳之具、虞祭之具、卒哭之具、父母亡答人慰疏、祔祭之具、小祥之具、大祥之具、禫祭之具、吉祭之具、改題主告辭、出主告辭、合祭埋主祝、合祭主以上祝、合祭新主祝、改葬之具、開塋域祠土地祝、祠堂告辭、啓墓告辭、祠堂之儀、參禮之具、有事告辭時祭之具、歸胙所尊書、所尊復書、忌日祭之具、墓祭之具、改葬之具、改棺之具、啓墓之具、附國恤時臣民服制諸節。

喪禮部份收錄的條目有：初終、疾病遷居正寢、復、楔齒綴足、立喪主、主婦、易服不食、治棺、訃告、沐浴、襲、徙尸、飯含、魂帛、銘旌、小斂、大斂、成服、童子服制、斬衰三年、齊衰三年、齊衰杖期、齊衰不杖期、齊衰五月、齊衰三月、大功九月、小功五月、緦麻三月、殤服、降服、心喪、朝夕哭奠、薦新、弔禮、奠賻、奔喪、治葬、開塋域祠土地、遂穿壙、作灰隔、啓殯、奉柩朝于祖、發引、窆葬、題主、成墳、返魂、祔葬、合葬、賻狀、慰狀。

收錄的圖式有：半月尺圖、周尺、雲翣、黼翣、石羊、石馬。

44、佚名：《禮疑隨録》

從先録
初疑

問雞鳴前子時死者當從何日日分必終於亥而始於子初

二日之子自不干於初一日也　右定日時　百十八之廿五

似當告於初終矣酒果則恐不可設也　右告廟

無論嫡庶與同宮異宮一主於父在父為主之說狀後無...

妨凝抵悟之嘆矣

問為長子斬衰者為妻期者當官在遠或老病則其子主

之孚曰凡喪父在父為主則無論父之在遠與老病亦當以父

為主而攝行之矣惟七十老而傳服後子得為主矣　卓公筌

舅在斬衰中則雖主婦喪而亦當者事之輕重有可權

攝者則不必自主之

〔朝鮮〕佚名（生卒年不詳）：《禮疑隨録》，
朝鮮未知年代寫本。

　　四周單邊，半葉框高二十六點五公分，寬二十二點二公分，有界欄，每半葉十二行，每行二十四字，註文小字雙行，版心白口，無魚尾。

　　表題：「禮疑隨錄」。首卷首行頂格題：「從先錄」，次行低一格題：「初喪」。

　　全書收錄的條目有：初喪、問雞鳴前子時死者當從何、問爲長子斬衰者爲妻期者、婦人襲當用深衣可考於曾子問矣、飯含、問長子病則飯含當代以次子、問子婦喪飯含當使夫若子主之、置魂帛靈座、問魂帛臥置立置、銘旌、姙位不書鄉貫、問非文非武之庶孽銘旌所稱、小斂、括髮古無披髮之制、環絰是古禮而家禮不載、成服日殷奠、問今人於成服日必設殷奠何所據、問期功等服聘不能具祭服、問斬衰中衣直領亦不緝、問齊衰絞帶、絞絰、並有喪成服次第、父喪葬前輕服成服、朝夕哭奠、問朝哭俟日夕哭俟日暗似合定省之儀、上食、問成服前何無朝夕上食、問將行祖考姙遷窆先親上食用素如何、問三年內俗節上食後別設否、問三年內亡人生辰別設饌行如何、吊奠、問生哭死、問婦人喪未升堂不入哭、吊喪、聞喪、奔喪、失父者服、治葬、問閏月非正月葬不可用、考姙合葬、問國恤中大夫士用彩舉未安、翣、問父在母喪從柩及祭奠時序立父子先後、朝祖、祖奠、遣奠、發引、問發引至山不輟焚香、下棺、題主、書贈先後、彩面字多雙行、誤題即改、神主揮巾、追後造主、父母偕喪返魂、母先亡父後亡題主、妾子承重言孝、虞、執事添酒無拜禮、問《備要》所補進饌酌獻之後不復進炙、徹羹進水、再虞柔日、所館行祭、渴葬即虞、父母偕葬行虞、父母與妻偕喪、國恤中行虞、祖母與父偕葬行虞、祔、支子亦祔、練後、並有喪祔祭先後、本生親祔、姙主奉出、祔時衰服、綱巾、小祥、主人有故退行練祥、祖母葬前母練退行、腰絰用葛、繩屨、晨昏展拜、吊哭無禮、大祥、父在母喪父葬後行母祥、遇時葬行祥、追後者聞喪者祥後徹几筵、祥後服色、祖喪中父祥服、祥後朔望參、前期告廟、父先亡大祥後祔考、繼禰者祔妻、支子祔廟、卒哭、祔、禫、祥後計閏、閏月行禫、禫後近日、承重孫祖喪中父禫、祖父母喪中父禫、國恤中禫、父在妻禫、心喪除服、心喪哭除、出主告辭、祥後哭墓、禫前廢祭、吉祭、仲月禫即吉、心喪人與吉祭、心喪人復吉、國恤中吉祭、禫月吉祭冠婚、母先亡父喪畢改題、承重孫祖喪畢改題、六代祖祧遷、無合祭亦行吉祭、改題妻主、吉祭不可權代、同祝異版、改葬。

45、鄭琦：《常變祝輯》

常變祝輯

冠禮

祠堂告辭　若冠者之母己歿雜　在祔位亦當有告

維

年號幾年歲次干支幾月干支朔幾日干支孝玄孫　繼曾　祖以

隨屬稱某官某敢昭告于　下之宗

顯高祖考某官府君　曾祖考妣至考妣列書祔位不書◇

顯高祖妣某封某氏　非宗子之子則只告冠者祖先之位

某之　非宗子之子則此下更添某親某之四宗子之長宗子自冠則去之子某某三某◇按若祖主孫　當涤某親某之子某　冠則此下更添某　之子某三某　冠禮

冠則此下更添某　之子某三某　之子某三某

年漸長成將以某月某日加冠於其　宗若

一

〔朝鮮〕鄭琦（生卒年不詳）：《常變祝輯》，
朝鮮未知年代寫本。

全書不分卷，共一冊，七十一張。四周單邊半葉框高二十點五公分，寬十六點九公分。有界欄，每半葉十行，每行二十一字，註文小字雙行，無魚尾，版心中端題各卷卷名，下方記葉次。全本框高三十一點三公分，寬二十一點七公分。

表題：「常變祝輯」，序：「柔兆困敦五月庚子瑞州鄭琦序」，首卷首行題：「常變祝輯」，次行低一格題：「冠禮」，第三行低二格：「祠堂告辭」，下方註文小字，第四行第二格題：「維」。卷末有尾題。

全書分冠、昏、喪、祭，冠禮收五條，昏禮收十二條。喪禮部份收錄的條目有：初終告辭、祖喪中父死代服告辭、宗子喪中其子又死無嗣攝主告辭、祠土地祝文、合葬時啓舊墓告辭、女家祠堂告辭、新婦廟見告辭、婿見婦家祠堂告辭、喪中立後告辭、適孫承重而死次孫代服告辭、占山後几告辭、同岡先塋告辭、新舊合葬時几筵及祠堂告辭、雙墳時舊山告辭、啓殯告辭、喪中死者朝几筵告辭、祖奠告辭、遣墓告辭、同域有故冢告辭、不立主返魂告辭、權葬題主告辭、母葬前父死母題主告辭、出後子告本生親祝辭、告兄祝辭、朝祖告辭、遷柩廳事告辭、就舉告辭、祠土地祝文、題主祝式、追後題主告辭、無後者喪中立後改題主告辭、虞祭祝文、告伯叔父母祝辭、告弟祝辭、告妻祝辭、告孫祝辭、告孫婦祝辭、告從叔祝辭、庶母無子而死嫡主喪祝辭、子幼攝主祝辭、追行卒哭告辭、新主位出主告辭、新主位祝文、本生親祔祭時祖考位祝辭、告子祝辭、告子婦祝辭、本生兄告出後弟祝辭、告從侄祝辭、次孫攝主祖父母喪祝辭、卒哭祝文、祔祭祖考位出主告辭、祖考位祝文、支子異居紙榜行祔宗子祖廟告辭、本生親新位祝辭、宗子喪中支子祔使祭喪攝行告辭、兄嫂祔祭祝辭、小祥祝文、追後聞訃者退行練祥告辭、病差後追行練祥祝文、父喪卒哭後祖練祥追行祝文、母喪中父亡練祥時告辭、疾病中退行練祥告辭、父喪葬前祖練祥退行告辭、祖喪中父母練祥告辭、父喪卒哭後追行母練祥告辭、妻喪葬前父母小祥追行告辭、妻喪卒祔後卜日行父母小祥告辭、重喪中輕喪練祥告辭、國恤葬前退行小祥告辭、大祥前一日祠堂告辭、考位几筵告辭、繼祖宗子祔廟告辭、始立禰廟者入廟告辭、妻喪中父歿小祥日夫爲主告辭、夫爲妻十一月而練卜日告辭、國恤卒哭後將行小祥告辭、支子異居始爲禰廟妣位告辭、父喪中退行祖大祥祔廟告辭、大祥祝文、新主位入廟告辭、將班祔者入廟告辭、爲子服期者祥禫祝辭、出主告辭、有故不禫除服告辭、禫祭卜日告辭、禫祭祝文、爲子服期者禫祭祝文、吉祭卜日告辭、改題主告辭、承重祖父喪畢改題考位告辭、出主告辭、親盡祖考

姒位祝文、新主位祝文、父先亡母喪畢合祭祖考姒祝文、承重祖父喪畢考位祝文、姒位祝文、追行吉祭改題主告辭、祧位墓所掘坎時告辭、母先亡父喪畢改題姒位告辭、始爲禰宗者出主告辭、高祖考姒至祖考姒位祝文、父先亡母喪畢合祭祖以上祝文、長房死後合祭親盡祖位祝文、父先亡母喪畢禫日行祭者位祝文、不祧位改題告辭與祝文、追行吉祭合櫝考姒位告辭、埋祧主時告辭、遞遷時改題主告辭、長房死後次長移奉告辭、長房有故權奉宗家別廟告辭、改葬時祠堂告辭、新舊合葬祠堂告辭、舊山先塋告辭、遷墓合窆時先葬位告辭、前期破墓告辭、考姒墓並遷合窆時啓墓告辭、發引告辭、長房家本祠堂告辭、追後移奉告辭、祠土地祝文、舊山祠土地祝文、兩墓同岡一遷一否不遷墓告辭、啓墓告辭、新舊合葬啓墓告辭、載舉告辭、發引還家者因朝奠告辭、至家復葬者前一日祖奠告辭、合窆時舊壙有災將行改葬告廟告辭、奠墓告辭、祠堂出主告辭、出外死者返葬時啓行告辭、至家告辭。

祭禮部份收錄的條目有：四時祭卜日告辭、時祭祝文、獻者祝辭、遣奠告辭、祠土地祝文、遭新喪遷舊葬合窆先亡位祝文、奠告祝文、迎柩告辭、改棺告辭、出主告辭、嘏辭、尊長酢長少祝辭、禰祭卜日告辭、禰祭祝文、忌祭出主告辭、忌祭祝文、墓祭祝文、亡子墓祭祝文、祠堂出入告辭、追贈告辭、繼禰者無嗣禰位班祔告辭、班祔位立廟後改題主告辭、考姒並祭出主告辭、考姒並祭祝文、親盡祖墓歲一祭祝文、祠土地祝文、授官告辭、班祔告辭、班祔位立廟後遷奉告辭、班祔位立後祠堂告辭、班祔位立後後改題主告辭、生子告辭、送子時生家祠堂告辭、妻亡後出繼妻主告辭、攝主家題主告辭、長子立後次子還宗祀告辭、出宰時奉行祠版告辭、移安告辭、修廟後慰安告辭、親盡神主因朝令不祧改題告辭、立嗣子告辭、立後後改題合祭祝辭、攝主告辭、兄亡弟及告辭、還宗後改題主告辭、移居遷奉告辭、家廟頹圮告辭、廟宇滲漏修葺告辭、還安時告辭、家廟失火後奉安告辭、喪中火焚先廟改造主告辭、權埋神主還奉告辭、奉安祝文、祠土地告辭、具石物告辭、追埋誌石告辭、掃墳時祠土地告辭、墓庭水災慰安告辭、慰安時祠土地告辭、廟主火焚後改造主告辭、廟主見失後改造主告辭、追造神主告辭、修墓改莎草告辭、役畢慰安告辭、祠土地告辭、授官掃墳告辭、掃墓遇賊後慰安告辭、墳墓失火後慰安告辭、失墓追尋告辭、尋墓慰安告辭、家土神祝文、居室開基祠土地告辭、祭主山祈雨祝文、祈晴祝文、無徵古墓慰安告辭、洞山祭祝文、墳庵開基祠土地告辭、祭龍淵祈雨祝文、祭海神祝文。

46、金禹澤：《喪禮備要辨說》

喪禮備要辨說　全

喪禮備要祠堂圖

按說祠堂舊前當別立四柱六柱以設偏屋三棵以

承棲題此圖未有之闕也

謹按家禮家廟圖本註有以屋覆之之文而不見於圖則

其制不可得以詳也今此四柱六柱橫設偏屋云者見

於何書也朱子曰堂之屋南北五架賈氏曰中脊為棟

棟南兩架蒛北兩架祠堂之制並依古屋而以家說之偏

屋三架以承棲題則其制決非古屋之制也盖備要祠堂

光ヶ金禹澤大而著

〔朝鮮〕金禹澤（1743～1820）：《喪禮備要辨說》，
朝鮮未知年代寫刻本。

全書不分卷，共六十九張，半葉框高三十點三公分，寬十九點二公分。每半葉十行，每行二十二字，無界欄、邊框，天頭處有墨筆小字批文。

表題：「喪禮備要辨說　全」、《喪禮備要辨說》凡例七則，首卷首行頂格題：「喪禮備要辨說　全」，次行低十行格題：「光山金禹澤大而著」，第三行頂格題：「喪禮備要祠堂圖」。跋：「壬寅季多不肖孫箕煥謹識」，卷末有尾題。

是書爲金禹澤辨宋能相《〈喪禮備要〉紙頭私記》二卷本，作者在凡例中說：「文中之宋說，即宋能相誣毀《家禮》、《備要》之說，低二字，以便觀覽。」

全文收錄的條目有：《喪禮備要》祠堂圖、《家禮輯覽》祠堂圖、《備要》緇冠圖、《備要》復圖、《備要》靈座圖、《備要》玄冒黼殺質殺圖、《備要》倚廬圖、《備要》外黨服圖、《備要》外黨圖、《備要》成墳圖、《備要》反哭受吊圖、《備要》初終之具、《備要》既絕乃哭、《家禮》復畢卷衣降、治棺之具、《備要》襲具、《家禮》乃飯含、《備要》魂帛之具、《家禮》設魂帛、《備要》經帶之具、《家禮》括髮麻免布髽麻、《備要》首経腰経絞帶麻、《備要》遂小斂、《備要》襲経、《家禮》乃奠、《家禮》加蓋下釘、《備要》設靈牀、《備要》成服之具、《備要》童子服制、《備要》侍者服制、《家禮》大斂、《備要》夫承重則從服、《備要》不杖期、《家禮》總服、《家禮》妻之親母雖嫁出猶服、《備要》降服、《家禮》凡重喪未除而遭輕喪、《家禮》朝奠、《家禮》吊、《家禮》反哭、《備要》侑食、《備要》小祥、《備要》禫、《家禮》遂祭后土、《家禮輯覽》通禮、附錄道通、田村簡通、宋村答通、後谷答通、上疏。

雲坪先生宋能相著原本爲沙溪先生金長生《喪禮備要》做紙頭補疏，其條目大凡爲：題木主議、皇考皇妣、嬪、喪禮備要圖第一張祠堂圖、第三張緇布冠圖、第四張初終圖侍者復畢、第五張設靈座之圖、第六張冒圖倚廬圖大斂之圖、第十張外黨服之圖妻爲夫黨服圖、第十二張弔喪圖掘兆告后土之圖、第十六張成墳圖、第十八張時祭之圖；圓衫、復者、戴氏變除、後世用鐵釘、從室之位、俗箭、家禮沐浴之制、陳註、襲奠、主人左袒、銘旌、葬前、環経、張絞帶、絞帶麻、玉藻、卑幼者皆再拜、設釘、朝夕奠、巾経果、弔服、義服、大功以上親、期九月之喪、設奠於室中、徹朔奠、喪無二主、哭殯則杖、出外死者、虞杖不入於室、受胙是神之事、卜筮皆有職官、繼禰之宗當云皇考。

47、沈朂之：《四禮儀》

四禮儀卷之一

冠禮

男子年十五至二十皆可冠 ○必父母無朞以上喪始可行之○大功未

葬亦不可行

當祠堂

前期三日陳設序立如儀○主人盥帨升○焚香再拜○酹酒于茅上再
拜○降復位○與在位者皆再拜○主人執注斟酒于諸位開○立於香
卓之南○祝執版出於主人之左跪讀之○畢興○主人再拜○降復位
○與在位者皆再拜

主人謂冠者之祖及父自為繼高祖之宗子者○若非宗子則必繼高
祖之宗子主之有故則命其次宗子若其父自主之○若宗子自冠則
亦自為主人

〔朝鮮〕沈朂之（生卒年不詳）：《四禮儀》，
朝鮮甲午德川亭石印本。

全書共計六卷，一冊，一百二十張。四周三邊，半葉框高二十二點九公分，寬十六點一公分，有界線，每半葉十二行，每行二十八字，註文小字雙行，版心白口，上下向白魚尾，全本框高二十九點一公分，寬十八點五公分。

表題：「四禮儀　單」，序：「端月日花山權載奎敬書」，朱子原序，跋：「癸巳重陽之日門人光山金文鈺謹識」，刊記：「甲午秋七月德川亭石印」。首卷首行頂格題「四禮儀卷之一」，次行低一格題：「冠禮」，卷末有尾題。

卷之一為冠禮、卷之二為昏禮，卷之三至卷之六為喪禮，喪禮部份收錄的條目為：初喪諸具、本宗五服圖、外黨妻黨服之圖、為人後者為本宗降服圖、服制、斬衰三年、齊衰三年、齊衰杖期、齊衰不杖期、齊衰五月、齊衰三月、大功九月、小功五月、緦麻三月、殤服、降服、服制式假、喪服式、冠経式、初終具、治棺具、訃告書、遷尸具、沐浴具、襲具、飯含具、乃沐浴、靈座具、魂帛具、銘旌具、不作佛事、小斂具、経帶具、遂小斂、大斂具、成殯具、靈牀具、乃大斂、成服具、朝哭、朝奠、食時上食、夕奠、夕哭、薦新、奔喪具、開塋域祠土地具、擇日開塋域祠土地、乃穿壙、作灰隔、設祖奠、遷柩就舉、發引、乃窆、題主、反哭、虞祭、初虞、罷朝夕哭、再虞、三虞、卒哭、祔祭、小祥、止朝夕哭、大祥、禫祭、告祔廟、吉祭改題主告辭、埋主祝、合祭祖以上祝、合祭新主祝、改葬具、告祠堂、祠土地、改莎草告墓、改莎草祠土地、改莎草後慰安、具石物告墓、具石物祠土地、吊狀式、慰人父母亡疏、慰人祖父母亡啓狀、祖父母亡答人啓狀。

祭禮部份收錄的條目為：祭饌圖說、祭饌酌定圖、祭禮儀、祠堂、出入必告、正至朔望則參、俗節則獻以時食、有事則告、四時祭、禰祭、忌祭、墓祭。

據《鏤板考》，此書乃朝鮮司諫院大司諫沈勗之撰，採《文公家禮》及東儒禮說中合於時宜者，分冠、婚、喪、祭四目，成川府藏印紙二牒十張。

四禮儀卷之三

初喪諸具

栗谷曰今俗多不識禮其行祭之儀家家不同甚可笑也著不一載之以禮則家

終不免紊亂無序蹈於夷虜之風矣

且為之圖頷詳審倣什而若父兄不教則當委

於曲陳達期

衿歸正期

新衣 病加新綿 以俟氣絕 上服 或單衣 招魂 直領

几 足 綴珠三 無孔 粘米 小匙 匙 幎巾 含飯時用布一 衾 覆尸 角柶 或筯 盆二 香湯

沐巾 頭 髮浴巾 布各一尺 明衣 身所以沐浴後貼綱巾

幅巾 幎目 握手二 充耳二 襪一 履一雙 小囊五 大帶

一深衣 二或公服或直領婦人大衣各用一 汗衫一 單袴一 袍襖

袴 散衣 斂衾 各一大 新綿斤五六 斂布五十尺 剪板

韓國國立中央圖書館藏未知刊年《四禮儀》。

48、金章煥：《四禮抄要》

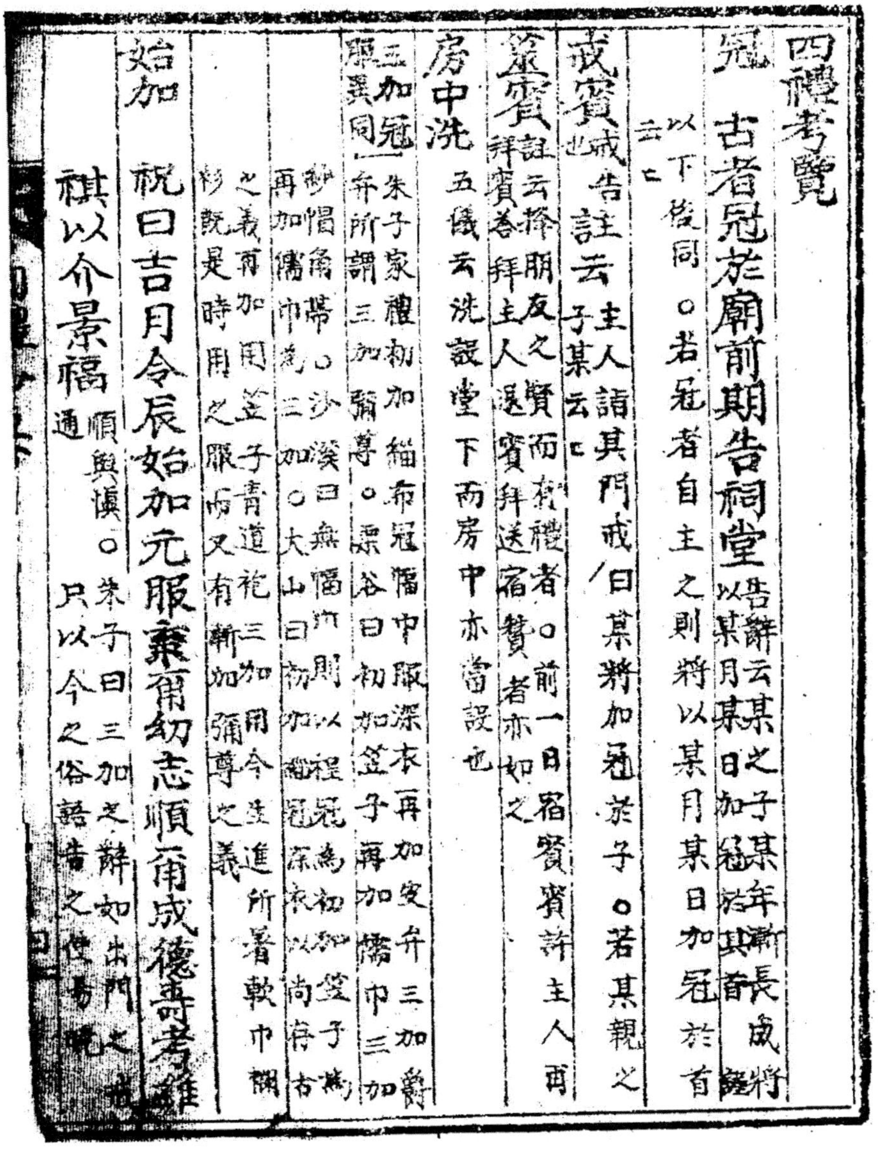

四禮考覽

冠 古者冠於廟前期告祠堂告辭云某之子某年漸長成將以某月某日加冠於其首以下倣同○若冠者自主之則將以某月某日加冠於首云云

戒賓戒告也 註云主人詣其門戒曰某將加冠於子○若其親之子某云云

宿賓 註云擇朋友之賢而有禮者○前一日宿賓賓許主人再拜賓答拜主人退賓拜送宿贊者亦如之

房中洗 五儀云洗設堂下兩房中亦當設也

三加冠服異同 朱子家禮初加緇布冠幅巾服深衣再加帽子弁三加爵弁所謂三加彌尊○栗谷曰初加笠子再加儒巾三加紗帽角帶○沙溪曰無幅巾則以程冠爲初加笠子爲再加儒巾爲三加○大山曰初加以緇冠深衣以尚存古之義再加用笠子青道袍三加用今之進所著軟巾襴衫既是時用之服而又有漸加彌尊之義

始加 祝曰吉月令辰始加元服棄爾幼志順爾成德壽考維祺以介景福順與愼通○朱子曰三加之辭如出門之詞只以今之俗語告之使易曉

〔朝鮮〕金章煥（生卒年不詳）：《四禮抄要》，

朝鮮未知年代石活字刊本。

全書不分卷，一冊，共四十八張。四周雙邊，半葉框高二十二點八公分，寬十七點八公分，有界線，每半葉框高十一行，每行二十四字，註文小字雙行，版心白口，上二葉花紋魚尾。全本框高二十八點五公分，寬二十點一公分。

序：「庚子立春節永嘉權相圭序」，「四禮抄要」總目次第跋：「己亥流頭節上浣祖從正模書」、「己亥三月日聞韶金章煥識」。

喪禮部份收錄的條目有：喪服服圖、附官階稱號、初終遺命記簿、止哭皐復、尸南首楔齒掇足、舉尸于尸牀、稟護喪通訃、立喪主、奔喪式、去傘飾、具襲衣、治棺漆灰、掘坎、沐浴飯含襲衣、遷尸於牀、髺免、襲奠、小斂具、斂畢奉尸故處、設小斂奠、大斂具冠、祭服深衣、斂畢入棺、設靈牀尸東、殯、成服具、四日因朝奠成服、中堂哭、葬事銘旌翣玄纁、祝式、祭祀祝、祔事小大祥祭、練期禪祭祝式、祧埋吉祀、墓祀祝笏記、忌祀、時祭出主告辭、歲一祭祝、修廟告辭、改莎草告墓、畢役後慰安祝、立石時告墓、受恩官職告辭、焚黃時出主告辭、遷居告廟祝、祠堂火災告廟祝、墓所山火告辭、死後甲日祝、立石時告由祝、安石時告由祝、修墓時告由祝、服制總論、并有喪持重服、兼服、朝祖祔事衰経入廟、祖父母父母成服先後、父死祖服既殯未殯問解、父死中母死問解、並有喪包特問解、承重孫主喪母在別主喪問解、立喪主喪有二主問解、孤子爲主、勵氣出避復設位成服問解、考妣位合櫝、神道尚右、承重孫不服斬衰四種、設位陳禪服問解、家廟頹廢、亂離埋主之節、參神先後問解、失父不知死亡、立廟世數、三年內立後成服節疑問、次嫡傳重服、啓墓問解、并遷父母葬啓窆先後、母喪中遷父合葬虞祭、招魂葬、親喪稅服、稅服全服月數、小功不稅、服制取義、服制總要。

49、安鼎呂：《常變要義》

廟

王制天子七廟諸侯五廟　大夫三廟士一廟庶人祭

於寢○程子曰雖七廟亦廟祭止於高祖雖三廟一

廟以至祭寢必及高祖○朱子曰天子之山節藻梲

復廟重檐諸侯不得為　諸侯山節藻梲大夫不得

廟禮

編首

　按廟者所以享神也以序則袷而後有廟而

以禮則冠昏喪祭皆有事于廟故以廟禮為

常變要義卷之一

〔朝鮮〕安鼎呂（生卒年不詳）：《常變要義》，

朝鮮未知年代木活字刊本。

　　全書共計四卷，裝成兩冊。四周雙邊，半葉框高二十點五公分，寬十七點二公分，有界格，每半葉十行，每行二十一字，註文小字雙行，內向二葉花紋魚尾，全本框高二十九點七公分，寬二十點一公分。

　　表題：「常變要義」，序：「甲戌重陽日順興安鼎呂書」，凡例五則，《常變要義》引用書目、引用先儒姓氏。首卷首行頂格題：「常變要義卷之一」，次行低二格題：「廟禮」，第三行低四格題：「按，廟者所以享神也。以序則喪而後有廟，而禮則冠、昏、喪、祭皆有事于廟，故以廟禮爲編首。」第六行頂格題：「廟」。

　　是書卷之一爲廟禮、廟禮變節，卷之二爲冠禮、笄禮、昏禮、冠昏變節。

　　卷之三至卷之四爲喪、祭禮，收錄的條目有：初終、疾病、復、男女哭擗、設牀正尸、奠、帷堂、立喪主、主婦、護喪、相禮、祝、司書司貨、易服、不食、治棺、告廟、訃告、襲衣、掩、綱巾、充耳、幎目、握手、深衣、大帶、襪、行縢、履、婦人襲具、沐浴、乃襲、爲位哭、飯含、卒襲、設靈座奉魂帛、立銘旌、婦人封號從夫職、奠、親厚之人始入哭、小斂、大斂、成服、婦人喪服、童子喪服、眾妾喪服、斬衰、齊衰、大功、小功、緦麻、師服、弟子服、朋友服、朝夕哭奠、居喪不弔、治葬、開塋域祝、刻誌石、奉柩朝于祖、陳器、祖奠、遣奠、遷柩、發引、下棺、祠后土、題主、返魂、虞、卒哭、祔、小祥、大祥、禫、吉祭、合葬、改葬、居喪雜儀。祭禮部份收錄的條目有：時祭、忌祭、墓祭。

　　喪變變節部份收錄的條目有：父先母後伸母服、母先父後服母期、偕喪襲斂先後、偕喪發引先後、偕喪葬奠先後、父喪於本月母喪於閏月除服先後、祖喪中父死子不可代服、父與長子偕喪、母與長子偕喪、父與妻偕喪、重喪中輕喪葬祭、親喪中師喪。

　　祭禮變節部份收錄的條目有：本生父母題主、本生祖父母題主、伯叔父母題主、兄弟題主、姊妹題主、兄嫂題主、弟妻題主、從弟妻題主、殤喪題主、妾庶題主、婦人主題主、攝主祝式、婦人主祭祝式、繼室祭元妣、外親祭、妻親祭。

50、沈方山：《家禮酌通》

家禮酌通卷第一

通禮

此篇所著皆所謂有家日用之常體不可一日
而不修者

祜

按此書本因書儀而隱括焉書儀影堂附祭
禮深衣附冠居家附昏而此三章實通乎冠
昏喪祭者故別出之為通禮

祠堂

此章本合在祭禮篇今以報本反始之心尊
祖敬宗之意實有家名分之守所以開業傳

〔朝鮮〕沈方山（生卒年不詳）：《家禮酌通》，
朝鮮未知年代寫本。

　　全書共計八卷，裝成仁、義、禮、智四冊。四周單邊，半葉框高十六點四公分，二十二點四公分。有界欄，每半葉十行，每行二十字，版心白口，無魚尾，全本框高二十九點四公分，寬二十公分。

　　此書爲沈氏《家禮酌通》稿本，表題：「家禮酌通　仁」，序：「戊子十一月上浣光山金洛鉉序」、跋：「歲戊子季秋不肖從子定澤謹書」，首卷首行頂格題：「家禮酌通卷第一」，次行低一格題：「通禮」，卷末有尾題。

　　全書喪禮部份收錄的條目有：初終、復、立喪主、相禮、易服、治棺、沐浴、襲、飯含、靈座、魂帛、銘旌、銘旌奠、小斂、小斂奠、變服、小斂前即位、大斂、成殯、大斂奠、成殯後主人位、靈牀東首、喪次、成服、喪服總論、斬衰三年、齊衰三年、齊衰杖期、齊衰不杖期、齊衰五月、齊衰三月、大功九月、小功五月、緦麻五月、殤服、降服、妾爲女君黨、心喪三年、師服、重喪未除遭親喪、服制式假、喪服雜儀、相弔儀、朝夕哭、朝夕奠、上食、薦新、薦新弔、薦新奠、賻、恩奠儀、狀疏、答慰疏、奔喪、婦人奔喪、齊衰以下聞喪、隧道、大舉、祠后土灰隔、明器、翣、遷柩、朝祖、祖奠、遣奠、方相、挽詞、窆、主人贈、誌石、成墳、題主、碑表、并有喪、居廬、返葬、招魂葬、疾葬、葬時祖免、成墳、祭、虞祭祝文、卒哭、祔祭、詣祠堂、小祥、止朝夕哭、父在母喪、大祥、晨謁、禫祭、凡喪有禫不禫、吉祭、合祭、埋主、復寢、改葬、擇地、制服、開塋域、遷柩、祠土地、虞祭、虞祭祝文、居喪雜儀、居喪雜儀祝文。

　　祭禮部份收錄的條目凡二十六條：廟祭、班祔、置祭田、晨謁、參、俗節、祝、拜、冠服、四時祭、禰祭、忌祭、冠服、初獻、墓祭、擇日、祝文、土地祭、親盡祖墓祭、飲福、焚黃、祭禮雜儀、外姓奉祀、宗法、長有之分、學中序齒。

　　現韓國國立中央圖書館藏有一部未知抄寫年的《家禮酌通》。

　　表題：「家禮酌通　一」，全書八卷四冊。四周單邊，半葉框高三十二點一公分，寬二十一點一公分，有界線，每半葉十二行，每行二十二字，註文小字雙行版心白口，上三業花魚尾。

　　序：「戊子十一月上浣光山金洛鉉序」、跋：「歲戊子季秋不肖從子定澤謹書」，首卷首行頂格題：「家禮酌通卷第一」，次行低一格題：「通禮」，卷末有尾題。

家禮酌通卷第一

通禮

此篇所著皆所謂有家日用之常禮不可一日而不

修者

按此書本因書儀而櫽括爲書儀影堂附祭禮深

衣附冠居家附昏而此三章宗通乎冠昏喪祭者

故別出之爲通禮

祠堂

此章本合在祭禮篇今以報本反始之心尊祖敬

宗之意冣有家名多之守所以開業傳世之本也

故特論此冠于篇端使覽者知所以先立乎其大

者而凡後篇所以周旋升降出入向背之曲折亦

二

韓國國立中央圖書館藏未知年代寫本《家禮酌通》。

家禮酌通卷第一

通禮

此篇所著皆所謂有家日用之常體不可一日

而不修者

按此書本因書儀而隱括焉書儀影堂附祭

禮深衣附冠居家附昏而此三章實通乎冠

昏喪祭者故別出之為通禮

祠堂

此章本合在祭禮篇今以報本反始之心尊

祖敬宗之意實有家名分之守所以開業傳

51、佚名：《愼終要覽》

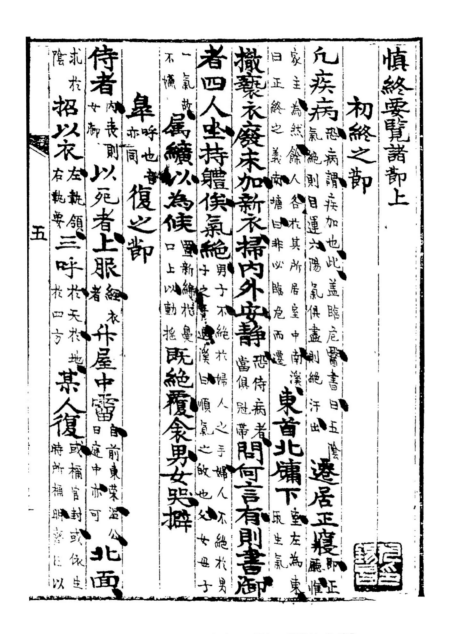

〔朝鮮〕佚名（生卒年不詳）：《愼終要覽》，
朝鮮未知年代寫本。

　　全書共計兩卷，裝成兩冊。有界欄，四周雙邊，半葉框高二十五點八釐米，寬十七點二釐米，半葉十行，每行十八字。版心白口，上下三葉花紋魚尾，全本框高三十三點九釐米，寬二十一點五釐米。

　　表題：「愼終要覽　上」、序、凡例十則，首卷首行題：「愼終要覽諸節上」，次行低二格題：「初終之節」，卷末有尾題。

　　上卷爲《愼終要覽》諸節，收錄的條目有：初終之節、訃告之節、小斂之節、皐復之節、沐浴設冰之節、補空之節、遷尸收尸之節、襲衣之節、結絞之節、設始死奠之節、憑尸哭之節、立喪主之節、爲位哭之節、祖括免髽之節、告祠堂之節、飯含之節、拜賓襲経之節、易服不食之節、卒襲之節、設小斂奠之節、治喪事之節、靈座之節、大斂之節、治棺之節、親厚入哭之節、入棺之節、成殯之節、並有喪成服之節、除喪而奔之節、靈牀設奠之節、並有喪持服之節、喪中出入之節、各歸喪此之節、賻奠之節、出入服色之節、成服朝哭之節、吊慰之節、童子居喪之節、五服相吊之節、君使人吊之節、治殤喪之節、朝奠之節、聞喪之節、冠婚祭遇喪之節、食時上食之節、奔喪之節、朔祭薦獻之節、夕奠夕哭之節、三哭成服之節、月朔會哭之節、食粥無時哭之節、未奔喪之節、稅服之節、并有喪治喪之節、成服而奔喪之節、治葬之節、朝祖之節、泥灰葬之節、告先塋之節、遷於廳事之節、祠后土之節、陳哭之節、藏誌石之節、開金井之節、祖奠之節、題主之節、三物交合之節、載舉之節、返魂受吊之節、築灰之節、遣奠之節、成墳之節、茅土之節、發引之節、石物之節、並有喪治喪之節、及墓停柩之節、初虞之節、啓殯之節、下棺贈之節、埋魂魄之節、再虞三虞之節、並有喪練祥之節、改葬之節、卒哭之節、追後練祥之節、破墳之節、祔祭之節、變制之節、靈座之節、喪中祭先之節、并有喪禫祭之節、發引之節、居喪諸節、吉祭之節、虞祭之節、服中之節、改題主之節、返哭於寢之節、小祥之節、合祭之節、改墳之節、大祥之節、遞遷埋主、追後立主之節、喪中立後之節、復吊。

　　下卷爲《愼終要覽》諸具，收錄的條目有：初終之具、幎目握手之具、魂帛之制、治喪之具、冒制、銘旌之具、治棺之具、圓杉之制、官階稱號、沐浴之具、長襪子之制、小斂之具、襲具、唐衣背子之制、小斂奠具、深衣之制、掩及女帽之制、括髮免髽之具、大帶縧帶之制、飯含之具、経帶之制、幅巾網巾之制、爲位及靈座之具、大斂及入棺之具、黑履之制、魂帛之制、結裹成殯之具、靈牀及大斂奠具、收養服、適人者爲本宗服、五服之制、外

黨服、奴婢服、正統服、三父服、侍者及吏服、大父行服、大宗及師友服、服制式假、叔父行服、夫黨服、成服之具、兄弟行服、夫旁親服、襄裳之制、子姪行服、夫黨殤服、喪冠之制、孫曾玄行服、夫外黨服、中衣之制、三殤服、妾服、婦人喪服之制、諸母服、出系者爲本生服、奴隸喪服之制、奔喪之具、出入之具、治葬之具、發引之具、銘旌式、作主式、停柩及下棺之具、祭文式、韜藉之制、題主及返魂之具、門狀及榜子式、欑制、虞卒祔祭之具、奠賻狀式、誌石之制、小祥之具、慰人父母亡疏式、翣扇之制、祥禫吉祭之具、慰本生父母亡狀式、破土之具、改葬之具、慰人祖父母亡狀式、穿壙之具、書式類、慰伯叔父母亡狀式、灰隔之具、訃告書式、慰兄弟姊妹妻亡狀、慰人子姪孫亡狀、答子孫姪亡狀、卒哭祝文、墓誌及碑式、告辭及祝文式、祔祭祝文、題主之式、初終告廟辭、葬後繼後改題告辭、謝奠賻狀式、開塋域告先墓辭、長旁葬後遷祧告辭、謝吊賻會葬疏式、開塋域祠后土祝、小祥祝文、答父母亡疏式、啓殯至遣奠告辭、大祥祝及祔廟告辭、答本生父母亡狀、葬後祠土地告辭、禫祭吉日告辭、答祖父母亡狀式、題主告辭、禫祭祝文、答伯叔父母亡狀、合窆墓慰安告辭、改題主告辭、答兄弟姊妹妻亡狀、虞祭祝文、吉祭出主告辭、合祭祧主祝文、發引告辭、合祭祖以上祝文、改葬後后土告辭、合祭新主祝文、改葬虞祭祝文、追後立主祠堂告、返哭告辭、立主祝文、改莎及后土告辭、改葬開塋后土祝、追後石物告辭、改葬祠堂告辭、啓墓及后土告辭。

52、綏山：《廣禮覽》

廣禮覽卷之一

喪禮

　初終

屬纊○以新綿置鼻口上以俟氣絕

既絕○乃哭以衾覆之止哭

復○侍者一人以死者常經上服於屋靈中皆庭間左執領右
執腰北面三呼曰某復　男女各稱官　封常時兩稱單卷衣覆尸上男

女哭擗無數

喪中死者復衣不用裵服

立喪主○長子無長子則長孫承重

　母喪父在父爲主

五代祖喪遂庵鹿門屛溪近齋曰宗孫當承重

〔朝鮮〕綏山（生卒年不詳）：《廣禮覽》，
朝鮮未知年代寫本。

　　全書共計三卷，裝成兩冊，半葉十二行，每行約二十四字。半葉框高三十二點一公分，寬二十一點一公分。

　　表題：「廣禮覽」，序：「癸巳仲冬下浣綏山書」，首卷首行頂格題：「廣禮覽卷之一」，次行低一格題：「喪禮」，第三行低二格題：「初終」，牌記：「歲在甲申三月上浣竹友堂」。

　　是書卷之一爲喪禮、卷之二爲喪禮、祭禮，卷之三爲冠禮、昏禮。喪禮部份收錄的條目有：初終、襲、小斂、大斂、入棺、成服、開塋域、祠后土、啓殯、代哭朝祖、祖奠、發引、柩行、及墓、遣奠、下棺乃窆、贈玄纁、加横臺、題主、遂行返哭、初虞、再虞、三虞、卒哭、祔、小祥、大祥、禫祭、吉祭、埋桃主、慰人父母喪疏式、慰人祖父母亡狀、父母亡答人慰疏式、祖父母亡答人狀、奔喪、陳祥。

　　初終行下諸條有：使唤下人、油芚揮帳、長竹、茅芚、空石綱具、炬燭、秫灰生麻、大小索、貿用條、見樣竹、砂香爐盒、草鞋、銘旌竹、木燭臺、纁、木賊、喪杖、細繩、唐粉、方笠、布絲、鹿角膠、平涼子、席針、白芨或芥子、疏屢、油芚、片竹、借用條、龍鳳頭、荷葉、要舉、大舉、羅几、布木假量、大小斂衾、小斂布二十二尺、大斂布二十尺、銘旌次紅紬三尺餘、柩衣白木二十四尺、素帳七幅長四尺白木三十八尺、中單衣布三十尺、直領布四十尺、男祭服布三十餘尺、女祭服布三十餘尺、行者哭婢祭服布三十尺、頭巾布一尺二寸、帶布四尺五寸。

　　喪禮部分收錄：條目有：初終、屬纊、既絕、復、立喪主、收尸、易服、被髮徒跣、奠、告廟、訃告書式、治棺、沐浴、襲、設奠、飯含、設靈座、立銘旌、括髮、環絰、小斂、大斂、入棺、作倚盧、成服、男子服、婦人服、童子服、奴婢服、喪人出入服、朝夕哭奠、朝夕上食、朔望俗節、五服制度、三殤降服圖、漆棺、結裏、開塋域、穿壙灰隔、作灰誌、造主、啓殯、朝祖、代哭、祖奠、遣奠、發引、柩行、及墓、題主、祠后土、反哭、初虞、卒哭、祔、小祥、大祥、止朝夕哭、禫、吉祭、祝式。

53、佚名：《疑禮考徵》

疑禮考徵

喪禮

夜半先者從乘日

問周夜半為銅齒鷄鳴為翔陰陽家皆以子時為明
日與則鷄鳴前子時先者當從何日　古菴曰日
分必終於亥而始於子初二日之子自不于作初
一日也

重服人去冠當否

陶菴曰去冠於禮惟妻子婦為之而期大功則不論
故後世議者多岐沙溪以為科父母與妻長豈有不
去冠之禮无菴亦以為期而吉冠似駭俗母寧從俗
去冠先正所論唯如此而於禮既無明文唯是東遷

〔朝鮮〕佚名（生卒年不詳）：《疑禮考徵》，
朝鮮未知年代寫本。

　　全書不分卷，共一冊，四十九張。半葉框高二十四點二公分，寬二十二點三公分。無邊框、界線，版心白口，無魚尾。

　　表題：「疑禮考徵」，正文首行頂格題：「疑禮考徵」，次行低一格題：「喪禮」，第三行低二格題：「夜半死者從來日」。

　　全書收錄的條目有：夜半死者從來日、重服人去冠當否、告喪、殯宮長燈非禮、復衣置靈座、聞親喪未奔哭、聞喪、父母及祖父母偕喪襲殮入棺先後、成服先後、斬衰中直領當斬、衰服補改可否、遭喪後哭先墓之節、父喪中母亡服母、母喪中父亡仍服母期、小功以下奔喪主人已成服則四日成服、父母偕喪設几筵持服、新喪成服前前喪上食當否、并有喪持服、葬前遇先忌素饌、父母之喪在殯昆弟死用素、朝祖、並有父母喪朝祖時几筵、祖奠不可再行、祖奠兼夕奠、祖遣間上食、死於他所發引歸家、旁親通用永訣終天、並有父母及祖父母喪發引先後、承重孫並有父母及祖父母喪先後葬、祖孫及母子偕葬、虛葬之非、父母偕葬返魂、合葬時告先葬、新舊喪合葬時三年內墓祭、三年內合葬墓前哭拜、無男主者婦人奉祀題主、虞葬題主、追後立主時祀堂告辭及當位告辭、子幼攝主、主婦稱謂、虞祭日夕上食、渴葬者報虞卒哭必俟三月、父母及祖父母偕喪虞卒、虞卒哭遇喪之節、重喪中遭輕喪者重喪虞卒祔、祔祭有故追行、祔祭祠堂出主祝及几筵出主祝、宗子有故攝行、祭時服色、並有父母喪祔祭、祔考并祭祖妣二人、祖喪中孫死祔祖、祔祭祝文、宗子告亡者尊則稱府君、追後練祥、染患中成服未備者不可退行練祥、大祥後計閏、大祥祝文、祥後入廟、並有喪前喪祥日變除之節、禫前書疏式、父喪中遭妻喪行祥禫、退祥者用本月行禫、禫祭卜日、參神有無之辨、避寓中行禫、並有重喪中前喪禫祭行廢、禫前哭泣之節、嫡孫祖喪禫時母亡、先忌與卒祔祥禫相值行祀之節、喪中行祭服色、喪中忌祭出主祝、孟月行吉祭者仲月行時祭當否、埋祧主之節、埋主時告辭、埋安時當位山所告辭、埋主臥安立安之辨、埋安時舉哀、長房遞奉之節、祧主改題之節、最長房不能奉祧主則宗子仍安於別室、心喪中有服者服本服帶、父在母喪再期行事之節、父在母喪吉祭及復吉之節、為母十一月而練者不計閏、本生親喪中行所後家祭禮之節、親喪中出系改服之節、本生親喪中行所後家練祥禫吉、出後者為本宗適人者再降、為人後者之妻為本生舅姑服期、所生喪殯後當行所後家練祥、追服退祥者本祥日行事前期告由之節、追喪除服前上食當否、立後追服之節、前後妻沒後立後為前妻子為後妻子并論、立後后追服者喪出再期後徹

几筵當否、親喪久後追服之非、父死喪中子代服、父在母喪而子死者其子代服當否、代喪後改題之節、庶子所生母喪句稱、次庶子爲所生母喪、並有父君喪總論、國恤中私喪葬期、國恤中私喪虞卒、國恤中私喪練祥、國恤中練祥退行者本祥日行祥之節、國恤中私喪禫告、國恤中私家大小常祀、期功諸服變除月數、服中赴舉、服期者十一月練祭無變除、過期不葬者期功諸服變除之節、外親適人不降、爲妻嫡母、無子庶母、嫡孫未承重而亡又已移宗其婦不當服承重服、姑姊妹無夫與子者服期、外祖父母收養服、心喪、服中入廟黑帶、外兄弟姊妹總。

祭禮部份收錄的條目有：臨祭有故、生辰祭當否、詣祠堂奉主就位之節、祭酒之義、告利成、減墓祭行時祭之說、閏月小月晦日死者忌日、父祭妻子讀祝當否、逮事舉哀之節、祭於祖逮事則哭、齋舍合祭或前期次日行祀、先祖墓同岡一獻之禮、后土先墓行祭先後、諸位祭畢祭土地、妾母祭代數、有喪產廢祭當否、染疾廢祀當否、兩忌同日祀先後、齋舍或他所行忌祭、外孫奉祀稱號代數、長子無後次子之子傳重、無後姑姊妹神主祭之別室、四時墓祭并參家廟、祭時拘忌、并祭考妣、父喪中母忌用肉、親戚服中祭祀之禮、親盡祖墓祭、兩位共一桌、前後室并祭、服中行祭、生時所嗜之物當用與否、果實之品、祭用燒酒不用桃李。

附錄部份收錄條目有：失父與子處變、省墓榮墳并論、墳墓遭水火、失墳墓處變、山殯年久者處變之節、祠堂遇變、喪服中祠堂火改題主時變服、未題主時設位三日、未題主時祭祀、被罪家喪諸節、親喪中服節、不知死者則吊不哭、朋友分厚練後吊哭、改莎草時祝文。

54、佚名：《二禮節要》

喪禮
○初終節

初終之具

續 新綿以候 ○衾 以覆尸者 ○上衣 士以上公服或深衣廊人直領或深衣長裙用死者
綿絮絁者沿則 以覆尸者 領婦人諒永或長裙用死者
普經衣者沿則 ○角枘 所以楔齒者無則用箸 ○几 足者所以假足者

易服之具

深衣 無則服不改婦人白長衣
成服直領或道施至

治棺之具

木函 ○松板 或厚二寸半 ○注 銀釘 ○松脂 ○黃蠟 ○真油 ○
七星板 林衣
○松板 或厚二寸半

訃告書 書或見四禮 便覽股備要

〔朝鮮〕佚名（生卒年不詳）：《二禮節要》，
朝鮮未知年代寫本。

全書不分卷，一冊，共八十二張。半葉框高二十九公分，寬十九點三公分。四周無邊框、界欄，半葉十一行，每行二十二字，註文小字雙行。

表題：「二禮節要　全」，右端題：「喪禮節祭禮節」，正文首行頂格題：「喪禮」，次行低一格題：「初終節」，第三行低二格題：「初終之具」。

全書分爲喪禮節與祭禮節，喪禮部份收錄的條目有：初終節、襲節、靈座節、小斂節、大斂節、成服節、居喪雜儀、朝夕哭奠上食諸節、吊奠賻諸節、聞喪奔喪諸節、治喪節、遷柩至祖奠諸節、遣奠節、發引節、及墓至成墳諸節、反哭節、虞祭節、卒哭節、祔祭節、小祥節、大祥節、禫祭節、吉祭節、禫祭節、吉祭節、改葬節、附改莎立石祝。喪禮條目有：初終、易服、治棺、告喪、訃告書、遷尸、沐浴、設冰、襲、爲位、飯含、靈座、魂帛、銘旌、小斂、大斂、入棺、成殯、靈牀、成服、五服制度、居喪雜儀、服中雜儀、國恤中私喪雜儀、朝夕哭、朝夕奠、上食、生辰奠、朔望、俗節、薦新、奔喪、稅服、開塋域祠土地、穿壙、誌石、明器、大舉、作主、啓殯、朝祖、陳器、祖奠、遣奠、發引、窆、合葬、贈、祠土地、藏明器、下誌石、題主、成墳、石物、返哭、初虞、再虞、三虞、卒哭、喪中行祭、服中行祭、五服變除、祔祭、小祥、大祥、禫祭、吉祭、埋主、祧遷、不遷之位、祔位、改葬。

祭禮部份收錄的條目有：祠堂、時祭節、忌祭節、墓祭節、備考、祧主入廟時先告所奉諸位祝、祧主出主告辭、祧遷位告辭、次長遷奉後改題告辭、考妣忌同日祝、考妣回甲茶禮祝、神主移安告辭、神主奉安告辭。祭禮條目有：祠堂之儀、班祔、祭田、祭器、遺書、遺衣物、影堂、晨謁、出入告、宗法、參、朔望、俗節、薦新、生辰祭、有事告、時祭、初祖先祖祭、禰祭、土神祭、忌日祭、墓祭。

55、佚名：《二禮便考》

二禮便考卷之一

喪禮一

初終之具

新衣 病者加 新綿 以俟氣絕者 衾 有絮耶 以衵大覆歛尸者仍上

服 士婦人以上大公服即圓衫或深衣或庶俗人亦長褖子衣并無用則死者仍領上

者當浴則衣去者之衵不以復而襲歛尸○常服春之上當衣用平日沙毦以玄

爵弁服取其便世連大夫士妻以展記衣復大斂夫衣以玄色○士連喪禮以玄

招魂取玄衣復世婦人復不以弁服故也方氏註以綀稅綠衣下色也黑

而赤緑鄭以玄纁

日蓋以嫁時盛服以其八口兩末向上 几有足

之以楔齒者丘氏儀節末用箸 角柶長六寸屈之 綴 侍

〔朝鮮〕佚名（生卒年不詳）：《二禮便考》，
未知年代寫本。

全書共計六卷，裝成六冊，半葉框高三十三點四釐米，寬二十三點一釐米，無界欄、邊框，版心白口，無魚尾，半葉十一行，每行二十二字，註文小字雙行。

表題：「二禮便考」，凡例八則，引用書目凡四十五種，卷末有尾題。

是書卷之一爲喪禮，收錄的條目有：初終、易服、治棺、告喪、訃告書、遷尸、沐浴、設冰、襲、爲位、飯含、靈座、魂帛、銘旌、小斂、大斂、入棺、成殯、靈牀、成服、五服之制上。卷之二爲喪禮，收錄的條目爲：五服之制下、居喪雜儀、服中雜儀、國恤中私喪雜儀、朝夕哭、朝夕奠、上食、生辰奠、朔望、俗節、薦新、吊賻狀、慰疏、慰狀、答慰狀、吊、賻、奔喪、稅服。卷之三爲喪禮，收錄的條目有：治葬具、開塋域祠土地、合葬告祝、穿壙、誌石、明器、大舉、作主、啓殯、朝祖、陳器、祖奠、遣奠、發引、窆、合葬、贈、祠土地、藏明器、下誌石、題主、成墳、石物、返哭。卷之四爲喪禮，收錄的條目爲：初虞、再虞、三虞、卒哭、喪中行祭、服中行祭、答慰疏、謝人吊賻會葬疏、五服變除、祔祭、小祥。卷之五爲喪禮，收錄的條目爲：大祥、禫祭、吉祭、埋主、祧遷、不遷之位、祔位、改葬。卷之六爲祭禮，收錄的條目爲：祠堂之儀、班祔、祭田、祭器、遺書、遺衣物、影堂、晨謁、出入告、宗法、參、朔望、俗節、薦新、生辰祭、有事告。卷之七爲祭禮，收錄的條目有：時祭、初祖先祖祭、禰祭、土神祭、忌日祭、墓祭、土地祭、祧位歲祭、告祭省墓、別編。

別編主要論述國恤儀節，國恤儀節與私家喪祭禮不同，爲《喪禮備要》所無，作者在凡例中云，此書乃抄略之作，而非撰述之作。此書析出金長生《喪禮備要》告喪、奔喪喪中服雜儀、行祭之節等條目詳細論述之，「取《備要》逐條全謄作爲綱領，而以圈別之，更以古今問難之說，隨類載錄，以爲開卷瞭然之資。」

56、金在洪：《常變祝辭類輯》

常變祝辭類輯卷之一

冠禮

曲禮曰冠禮三加凡禮以三為
成者恐或天地人三才之道也

必父母無期以上喪始可行之
中冠皆家禮雖有昏身之異愚以為可互看而諸
議有不然者○芝村曰昏微身在主昏之先冠禮則不繫
者蓋因有婚而冠故也○鏡湖曰古禮則因喪而冠故有
期功喪冠禮家禮則以行盛禮言故不許期喪芝村說恐
是家禮言外意

功總服中可以冠
家禮大功未葬者亦不可行○尤菴曰或有
故先師嘗謂過三月則雖未葬當以已葬處之也○鏡母不
者外殷父母服甲冠香之疑鄙意務有緦碬小功葬前不
詐冠婆雖兒雜記朱子既對酌古今定為典制只限大
功未葬則何敢遽舍朱子之訓而從雜記之文乎○緦服

〔朝鮮〕金在洪（生卒年不詳）：《常變祝辭類輯》，
日本大正 11 年（1922）南原郡坊刻木活字本。

　　全書共計八卷，裝成三冊。四周雙邊，半葉框高二十三點九公分，寬十六點三公分。有界欄，每半葉十行，每行二十三字，註文小字雙行。版心白口，內向二葉花紋魚尾，全本框高三十一點一公分，寬二十點八公分。

　　表題：「常變祝辭　一」，序：「重光作噩二之日上浣月城金在洪書」，凡例八則，目錄，引用書目七十種，其中有《喪禮補編》、《四禮祝式》、《禮疑類輯》、《家禮輯覽》、《喪禮備要》等書。首卷首行頂格題：「常變祝辭類輯卷之一」，次行低一格題：「冠禮」，卷末有尾題。

　　是書卷之一為冠禮五條、冠禮祝文式九條、笄禮祝文式二條、婚禮八條、婚禮祝文式三條、親迎八條。

　　卷之二為喪禮，收錄的條目有：初終之論凡二十一條、初終祝文式凡八條、治葬之論凡六條、治葬祝文式凡十六條、改葬之論凡十五條、題主式凡四十六條。

　　卷之三為喪禮，收錄的條目有：虞祭之論凡四條、虞祭祝文凡五十五條、卒哭之論凡六條、卒哭祝文式凡二十一條、祔祭之論凡十九條、祔祭祝文式凡十四條、小祥之論凡二十九條、小祥祝文式凡四十五條、大祥之論凡三十條、大祥祝文式凡四十九條、禫之論凡十三條、禫祝文式凡二十八條。

　　卷之四為喪禮，收錄的條目有：吉祭之論凡三十四條、班祔之論凡四條。

　　卷之五為祭禮，收錄的條目有：祠堂之論凡九條、祠堂告辭式之論凡二十九條。

　　卷之六為祭禮，收錄的條目有：四時祭之論凡十四條、四時祭祝文凡十七條、禰祭之論凡六條、忌祭之論凡三十條、忌祭祝文式凡十八條、墓祭之論凡二十條、墓祭祝文式之論凡二十二條。卷之六為附錄，附吊禮凡二十條、居喪雜儀凡十三條、居家雜儀凡十一條。

　　作者在序中提到祝式多參酌前人之說，「尤庵先生有言，今之行禮者，當主《家禮》而至於窒塞久闕處，始當以他書參之，惟茲告祝之辭，亦在所當參之爾」。此書專為祝辭所輯，搜集告祝之辭，一以《家禮》為主，而有缺略者參之以他書，分門箹錄，弔、奠、賻、答疏狀諸式及居喪雜儀、居家雜儀則錄于文後。

57、金達準：《四禮常變祝辭》

四禮常變祝辭

祝版以板爲之長一尺五寸□足祭時以紙書文粘於其上祭畢焚之○問讀祝聲高低退溪日太高不可太低分不可要使在位者得聞可也○問凡祭無執事則祝文自讀之耶沙溪日不妨又日以子而名父祭母固爲未安祭祖先則壓尊故猶可

冠禮　司馬溫公曰古者二十而冠所以責成人之禮蓋將責爲人子爲人弟爲人臣爲人少者之行於其人故其禮不可以不重也○索冠禮男子年十六至二十皆可冠必父母無期以上喪始可行之大功未葬亦不可行○禮緝國恤中私家冠昏士庶卒哭實職二品以上許嫁娶內喪小祥後亦許嫁娶堂上受杖以上及實職二品以上許禮後內喪小祥則三品以上許卒哭後借吉三日堂上世經侍從以上小祥後許吉禮小內喪則並許公除後○雜記以喪冠者雖三年之喪可也○沙溪日斬哀而冠亦有據也○南塘日以喪冠行之○按或日雅族人之長子行禮於宗家則宗子主之則以袋子禮行之此說恐未然稚族人之長子自當行禮之□同春日若無深衣則用直領道袍等似宜○沙溪日其父先生□冠子之禮則初加只加緇布冠者無幅巾則只用緇冠恐無妨老先生□冠之說出於不得已也○儀節帽子其制不可考今世帽子笠子用藏雨日小帽子似緇紗爲之似亦可用○沙溪日笠子爲再加○溪菴日老峯赴燕購襴彩儒巾而來儒巾制如平定而小異糊紙爲之以玄紗裹之矣○沙溪日儒巾爲三加

祠堂告辭　便覽○家禮如有事告廟前期三日

維　書經講義註凡策書必以維字發之
月日必以維字發之

年號　崇禎年號但今已久遠難用書以維歲次亦無妨
近齋日以表秋膚王之義洪節書祀之例言之當用　幾年歲次干支幾月干支朔幾

日干支　按朱子致仕告廟只稱辛酉朔侕覽親薦祖廟祭
道用朔日干支若祭在朔日當擇用於此二者　孝
娵特牲註祭主孝以祭之義爲稱○
逐庵日從老從子有子承老之義故

四禮常變之祝辭　冠禮

〔朝鮮〕金達準（生卒年不詳）：《四禮常變祝辭》，
日本昭和2年（1927）端川平山堂鉛活字刊本。

　　全書不分卷，共一冊，一百零一張，半葉框高二十六公分，寬十八點五公分。四周雙邊，有界欄，每半葉十三行，每行二十五字，註文小字雙行。版心白口，上黑魚尾，象鼻上端題：「四禮常變祝辭」，版心中端記各卷卷次，象鼻下端記葉次。

　　表題：「四禮常變祝辭」，正文首行頂格題：「四禮常變祝辭」，卷末有尾題。

　　喪禮部份收錄的條目有：初終、復、始死告辭、訃告書式、皮封式、襲、銘旌式、婦人銘旌式、殯、庭殯告、外殯告、祖喪中父死代服告辭、擇日追行成服告辭、適孫承重而次孫代服告辭、父有廢疾祖喪代服告辭、吊奠狀式、皮封式、謝狀式、皮封式、祭文式、狀式、謝狀式、門狀式、榜子式、慰人父母亡疏式、皮封式、慰人祖父母亡狀式、皮封式、祖父母亡答人慰狀式、皮封式、慰人本生父母亡狀式、皮封式、本生父母亡答人慰狀式、皮封式、喪中慰人父母亡疏式、皮封式、喪中受人慰書未答而其人遭喪則慰與答用一幅式、皮封式、治葬、得地告辭、啓殯告期書式、皮封式、開塋域祠土地祝、告先塋告辭、合葬告先葬告辭、新舊合葬、合葬開墓告辭、先葬啓墓遷祔新塋告辭、雙墳告辭、預定壽地開塋域土地告辭、誌底式、婦人誌蓋式、婦人誌底式、朝祖告辭、喪中死者朝几筵告辭、几筵告辭、母喪朝於父之几筵告辭、遷柩廳事告辭、就舉告辭、遣奠告辭、啓殯告、祖奠告、遣奠告、自他所返柩前一日告辭、行日告辭、親屬中路奉迎告辭、至家告辭、旅死者告廟告辭、几筵告辭、下窆社土地祝、題主、陷中式、粉面式、旁題式、婦人陷中式、婦人粉面式、祝文、紙榜文、紙榜既成祝、未出主祝、追後題主告辭、母葬前父死母題主告辭、虞祭祝文、殤葬祖奠告、既葬祭墓告、返虞告、卒哭祝文、追行卒哭告辭、祧遷次長房後改題告辭、父母亡答人慰疏式、附祭、奉出祖主告辭、奉新主告辭、祖考位祝、新主祝、攝事行祔祭新位祝、祠堂前期告辭、新位前期告辭、宗孫無後主喪者攝行祔祭告辭、追後祔祭祖考位告辭、追後祔祭新主位告辭、小祥祝文、主人聞喪在後月其亡日前一日告辭、為妻十一月練卜日告辭、得吉後几筵告辭、國恤中退練祥告辭、國恤卒哭後追行練祥前期告辭、國恤卒哭後追行練祥、遇妻喪退行練祥告辭、父喪未葬退行母祥告辭、後喪葬後追行練祥前一日告辭、追祭祝、妻葬後追行、父葬後追行、因朝上食几筵告辭、父喪葬前祖練祥退行告辭、父喪卒哭後祖練祥追行祝、祖喪中父母練祥告辭、重喪中親喪練祥告辭、次子婦練祭祝、父在

母喪追行練祥告辭、追行練祭時告辭、母之練祭退行於父葬後告辭、同日告新喪告辭、過期不葬者退行練祥而本期日告辭、追行練事時前一日告前喪告辭、本生父母練祥祝、改斬衰服期告辭、大祥前一日祠堂告辭、前一日新位告辭、母喪中父亡將行祔告辭、宗子喪攝主者前一日祠堂告辭、支子異宮者權祔告辭、始立禰廟者入廟告辭、父喪中退行禫大祥祔廟告辭、大祥祝、次子若婦大祥祝、奉新主入祠堂告辭、將班祔者入廟告辭、不立主入廟告辭、祖喪中遇父喪退行大祥告辭、同日新喪告辭、禫。

58、張福樞:《家禮補疑》

家禮補疑卷之一

通禮　通禮

禮讓絲冠昏喪祭省行於祠堂故謂之通禮◇常變通欣滾衣居家雜儀亦所以通關於四禮故金謂

祠堂　敬宗之意實有家名分之守所以開業傳世之

大者也故而几後之篇此冠于篇端使後知所以周旋升降出入向背之先立其制亦其曲折亦其制度人

之有賤亦有所據而攷焉不得寫古者之廟制猶不見於經且今士庶人

亦多用俗禮故曰柄◇公羊註祠溫公猶倉也所依文潞公先廟碑親

繼嗣而而倉故曰柄◇司馬溫公猶倉也所依文潞公先廟碑親孝子息

記官仁宗家廟皇祐二年貴極公詢議平章事以上立四廟於寢聽宮文

武官立家廟皇祐二年貴極公議平章事以上立四廟於寢聽宮文

訪唐朝以上三廟公遺迹倣安故嘗智常之一堂烏增置前兩

廳可立影堂又曰再祭時不可用影◇程子曰庶堂人之無

名始於家禮影堂◇退溪曰祠堂之無前此稱影堂

〔朝鮮〕張福樞（1815~1900）:《家禮補疑》，
朝鮮未知年代木活字本。

全書共計六卷，裝成六冊。四周雙邊，半葉框高二十一點八公分，寬十八點四公分，有界線，每半葉十一行，每行二十二字，註文小字雙行。版心白口，內向二葉花紋魚尾，全本框高三十三點六公分，寬二十二點二公分。

序：「歲丁卯桐始華節玉山張福樞敍」，凡例十二則、禮總論、引用書目、先儒姓氏八十六人，跋：「丁未孫昌鉉跋」。

是書卷之一爲通禮，收祠堂、宗法、立後、出入必告、有事則告、或有水火盜賊則先救祠堂後及家財、易世則改題主而遞遷之、不遷位、深衣制度、居家雜儀等條目。冠禮部份收冠、笄兩條。昏禮部份收議昏、請期、納幣、親迎、婦見舅姑、廟見、婿見婦之父母、補居室常儀等條。

卷之二爲喪禮，收錄初終、復、執事者設位及牀遷尸、乃設奠、立喪主、主婦、乃易服不食、治棺、訃告于親戚僚友、沐浴、襲、奠、爲位、飯含、靈座、魂帛、立銘旌、小斂、袒、括髮、免、髽、奠、代哭、大斂、補涂殯之制、成服、補五服外服制、補喪服考疑、朝夕哭、奠、上食等條。

卷之三爲喪禮，收吊、奠、賻、具刺通名、慰人父母亡疏、客喪、聞喪、奔喪、治葬、開塋域祠后土、遂穿壙、作灰隔、刻誌石、作主、遷柩、朝祖、奠、賻、陳器、祖奠、遣奠、發引、及墓、下棺、祠后土、題木主、成墳、下誌石、補題主奠、反哭、虞祭、卒哭、祔、補改葬等條。

卷之四爲喪禮，收小祥、止朝夕哭、大祥、禫、吉祭、居喪雜儀等條。同卷祭禮部份收四時祭、忌祭、墓祭等三條。

卷之五爲別集，收有國恤禮、學禮、鄉飲酒禮、投壺禮、鄉約、士相見禮、相揖禮、白鹿洞規、學則等條。

張福樞（1815～1900），字景遲，號四未軒，歷任掌苑署別提、慶尙道都事，著有《四未軒集》、《家禮補疑》。

59、李明宇：《臨事便考》

臨事便攷卷之一

疾病

大明集禮問病者何言有則書于紙（大記云疾
病掃寢東首（生為領受）撤褻衣加新衣（雖至屬纊之
境胸腹猶有溫氣不敢輕爾皐復乃慎重之意也

後

禮曰以死者上服升屋（以此魂在）北面（神也在幽）招以
衣三呼某人（男子稱名或稱別號婦人稱姓或稱某封）復畢降以其衣
覆尸上（後降自）盖冀精神識而來反衣也（司馬溫
公曰升屋面號慮驚衆但就寢庭之南（大記曰
死者不可復生而聖人制此孝子之情無不為已

〔朝鮮〕李明宇（1836～1904）：《臨事便考》，
朝鮮未知年代鉛活字本。

　　全書共一冊，十七張。四周雙邊，半葉框高二十三點七公分，寬十五點八公分，無界欄，每半葉十一行，每行二十字，註文小字雙行。版心白口，上黑魚尾，版心中端題「臨事便考」各卷卷次，下方記葉次。

　　表題：「臨事便考　全」，序、卷末有一題跋：「天將祚其國，必祚其國之君子。于斯時禮樂文物洋洋乎，閭巷之間以至于樵叟野老皆說孔孟是也。今如余之纂是，亦一清平氣像之可觀覽者也，恕其僭黙，吾李明宇自敘自跋焉」。首卷首行頂格題：「臨事便考卷之一」，次行低二格題：「疾病」，卷末有尾題。

　　全書收錄的條目有：疾病、復、收尸、沐浴、櫛、襲、斂、補空、入棺之具、治棺之具、成殯之具、成服、結裹、朝夕哭、上食、葬時諸具、合窆時開金井、發引之具、行中雜物、山下所用祭器、墓閣祭廳諸具、成墳、題主之具、主櫝、返魂之具、几筵之具、祭奠、薦新、吊、居喪、奔喪、祭田、祭器、祭儀。

　　奉主、參神、降神、進饌、初獻、讀祝、亞獻、終獻、侑食、闔門、啓門、辭神、納主。

　　書中有兩位陳設圖。

　　李明宇（1836～1904），字景德，號黙吾，朝鮮全州人。師從秋史金正喜（1786～1856），曾任蔚山教官，詔贈內部協辦旌閭，晚築歸來亭於德豐之伽倻山下，著有《易學提要》、《元會運世》、《警瞿收錄》、《臨事便攷》等書，有《黙吾遺稿》存世。

60、佚名：《禮疑私考圖式》

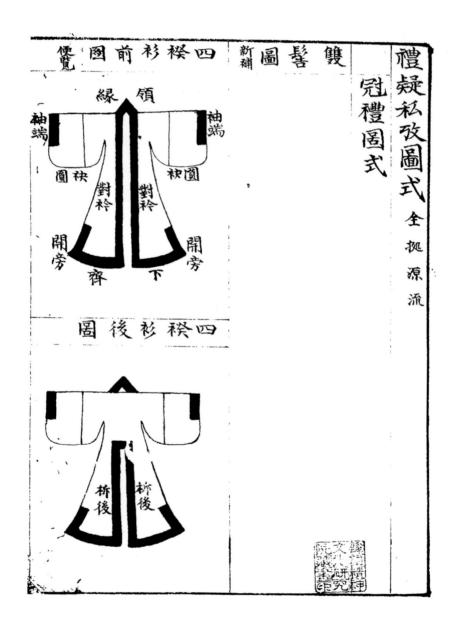

〔朝鮮〕佚名（生卒年不詳）：《禮疑私考圖式》，
朝鮮未知年代寫本。

全書不分卷，共一冊，六十四張，書中附圖。四周無邊框、界欄，半葉框高二十九點六公分，寬十九點七公分，版心白口，無魚尾。

表題：「禮疑私考圖式」，正文首行頂格題：「禮疑私考圖式」，次行低一格題：「冠禮圖式」，卷末有尾題。

喪禮部份收錄的圖式有：疾病遷居正寢初終及復男女哭擗圖、棺蓋圖、棺下圖、棺全圖、七星板圖、幎目、握手、襪、充耳、結帛、束帛、銘旌圖、重圖、遷尸沐浴襲奠爲位飯含、卒襲設靈座親厚入哭圖、錦帛黼翣、玄冒黼殺、掩圖、舒絹、小斂之圖、大斂之圖、立銘旌設靈床及奠之圖、丈夫喪次、裁闊領四寸圖、反摺闊領四寸爲左右適圖、裁加領圖、反摺向前圖、裁衽圖、兩衽相疊圖、加領於衣前圖、加領於後圖、裳制、喪服總圖、斬衰冠、齊衰冠、大功冠、小功冠、緦麻冠、蓋頭、斬衰首絰、齊衰首絰、斬衰腰絰、斬衰絞帶、小功以下腰絰、齊衰以下絞帶、苴杖菅屨、削杖疏屨、本宗五服之圖、三父八母圖、三殤降服之圖、外黨妻黨服之圖、妻爲夫黨服圖、出嫁女爲本宗降服圖、己爲姑姊妹女子女孫適人者服圖、丈夫婦人爲大宗服圖、童子服之圖、師友服圖、稅服圖、大夫降服或不降服、弔者入靈座奠退弔主人圖、四腳巾圖、奔哭者至家入門詣柩前再拜變服就位哭泣圖、聞喪而未得行則爲位哭、掘兆告后土氏之圖、築灰隔及內外蓋圖、誌石圖、笣圖、筲圖、甖圖、大舉圖、竹格圖、柳車圖、俗制小舉圖、輓詞圖、俗制喪舉蓋圖、俗制長杠圖、俗制喪舉全圖、黼翣、黻翣、雲翣、神主全圖、神主前式、神主後式、櫝坐式、櫝蓋式、趺式、韜縫式、虞主、內匱、外匱、藉式、奉柩朝祖遂遷於廳事圖、輴軸圖、方相、魌頭、發引之圖、豐碑古制、五禮儀壙口長槓上去橫槓下棺圖、五禮儀壙內梆上去橫槓下棺圖、今制金井機上下各立柱用轆轤下棺圖、及墓下棺祠后土題木主之圖、墳圖、反哭受弔之圖、改葬服圖、虞祭陳器設饌之圖、祔祭於祠堂圖、禫祭卜日於祠堂圖、吉祭之圖。

祭禮部份收錄的圖式有：祠堂之圖、祠堂一間圖、立祠堂廳事東之圖、一間祠堂昭穆排位圖、祠堂龕室之圖、儀節宗法圖、祭器圖、揖手圖、拜禮圖、婦人拜禮圖、上壽圖、正至朔日俗節出主櫝前家眾敘立之圖、望日不出主圖、男女盛服圖、深衣前圖、深衣後圖、著深衣前兩襟相掩圖、深衣續衽鉤邊圖、裁衣前法、裁衣後法、曲裾裁制、曲裾縫製、曲裾成制、大帶圖、黑履圖、時祭卜日圖、麗牲右胖圖、正寢時祭之圖、時祭每位設饌圖、時祭兩位合設圖、餕圖、忌祭兩位合設圖、忌祭單位設饌圖。

61、李升洛：《喪禮備要抄》

喪禮備要抄

初終之具

初終疾病遷居正寢内外安靜以俟氣絶乃哭覆侍者一人以死者之

上服寢經衣者左執領右執要自前榮外屋中霤北面以衣三

呼曰某人稱名武曰内袁當用本衙門人或稱官封號依常侍所

稱單卷衣降覆尸上男女哭擗無數楔齒綴足立喪主 婦

護喪以子弟知禮能幹者為之凡事衰皆禀之 告書司貨以書

予吏儀為之

易服之具

乃易服不食妻子婦妾皆去冠上服被髮男子扱上袵 徒跣

有服者當去華飾為人後者為本生父母及女子已嫁者皆不被髮

徒跣 諸子三日不食親戚隣里為糜粥以食之尊長強之少食可也

〔朝鮮〕李升洛（生卒年不詳）：《喪禮備要抄》，
朝鮮未知年代寫本。

　　未知書寫年，但據書中「重服日」條所錄，可推知該抄本應在清嘉慶九年（1804）之後。全書不分卷，一冊，共計八十三葉，半葉二十三點四公分，寬二十一點七公分。無邊框、界欄，每半葉十二行，每行字數不一，註文小字雙行。

　　表題「四禮釋疑　單」，目錄在卷末，卷首首行低二格題「四禮釋疑」，次行第三格題「冠禮」。是書現藏於韓國國立中央圖書館，書中鈐有未知韓文朱文方印。

　　收錄冠、昏、喪、祭四大類，其中喪禮部份論述的條目有：襲衣、大小斂、入棺、成服、并有喪、父在母喪、代喪、庶子婿受服、為人後、收養、嫡出嫁慈庶母、婦人受服、葬窆、祖奠遣奠、朝祖、朝夕朔望奠、朝夕上食、朝夕哭、弔喪、重喪遭輕喪、國恤中遭喪、師友服、童子服、殤喪、子孫服、妻喪、聞喪、奔喪、合葬、改葬、權葬、虛葬、題主、返哭、虞卒哭、祔祭、練祭、大祥、禫祀、臨喪禫遭期功服、吉祭、改題主、桃遷、奉先雜儀、祭物、素祭、墓祭、生日祭、忌祭、時祭、祭儀、外孫奉祀、不遷位、祭四代、服中雜儀、繼後、居喪雜儀、稅服、三年內忌祭、廟焚墓毀。

　　《釋疑》書後附錄《喪禮備要抄》，收錄條目凡六十一條：初終之具、易服之具、訃告書、殤喪服、奔喪之具、開塋域祀土地之具、祠土地之具、題主之祝、虞祭之具、卒哭之具、小祥之具、大祥之具、祔廟告辭、禫祭之具、吉祭之具、出主告辭、合祭埋主祝、合祭祖以上祝、合祭新主祝、改葬之具、開塋祠土地之祝、祠堂告辭、啟墓告辭、祠土地祝文、虞祭祝文、祠堂告辭、有事告辭、時祭之具、忌日祭之具、奉安節次、墓祭之具、祠土地之祝、陳設之圖、本宗五服之圖、外黨妻黨服之圖、妻為夫黨服之圖、出嫁女為本宗降服圖、妾服之圖、為人後者為本宗降服圖、致奠賻狀、謝狀、改莎草祝、祠土地祝、畢封後慰安祝、告先塋、祔葬先葬之位祝、立石祝、埋誌石、祠土地祝、祠堂奉安祝、移安祝、男子服制用指尺、墓祭笏、釋奠大享祝文、上言下教、太學通文、八路改譜通文、南原通文、淳昌通文、勸善文、文公治家要法。

喪禮

○主喪 三問

問遭親喪長子病廢次子專主喪事而然此非主人

葬祭題主及祝文等事何以為之

寒岡曰長子雖病廢恐不得不書長子之名

問禮記立喪至註父在父為主子無主喪之禮而

楊氏謂長子奉饋奠奉饋奠獨非主祭耶題主

祝文等事父皆主之歟

韓國國立中央圖書館藏未知年代抄本《喪禮備要抄》。

62、佚名：《忌日錄》

忌日錄

高祖父主諱聖座生員壽七十九萬曆丁酉大亂周流避
兵賊退波還家浮寒冷之症同年十月二十一日別世
高祖母主韓氏壽四十九萬曆辛未六月十一日浮染疾小
愈之餘右耳根出腫前面高浮同年七月二十日別世
曾祖父主諱白雲通德即　贈通訓大夫司僕寺正嘉靖
癸亥生壽七十九辛巳十二月日浮病小愈矣耳次添重同
月十八日別世墳山本縣動樂山庚兌龍酉坐卯向
曾祖母主金氏恭人　贈淑人隆慶丁卯生壽五十丙辰七
月日浮病卧起呻吟漸次益重同年九月二十九日別世墳

〔朝鮮〕佚名（生卒年不詳）：《忌日錄》，未知年代寫本。

　　全書不分卷，共一冊，楮紙二十張。四周雙邊，半葉框高二十四點四公分，寬十六點五公分，有界線，每半葉十行，每行二十二字，註文小字雙行。版心白口，內向二葉花紋魚尾，全本框高三十二公分，寬二十公分。

　　表題：「忌案」，右端題：「戊午亥月改本」。其中記錄的條目有：

　　高祖父壽七十九，萬曆丁酉大亂退還家，得冷寒之症，同年十月二十一日別世。

　　高祖母壽四十九，萬曆辛未六月十一日得疾，同年七月二十日別世。

　　曾祖父贈通訓大夫，司僕寺正，壽七十九，辛巳十二月得病，同月十八日別世。

　　曾祖母金氏恭人，贈淑人，隆慶丁卯生，壽五十丙辰七月日得病，同年九月二十九日別世。

　　後曾祖母金氏，萬曆丁亥生，壽五十八，甲申四月日得疾，同月二十三日別世。

　　祖父贈通政大夫、兵曹參議，萬曆丁酉生，壽五十八，甲午正月初四日得病，同月十三日別世。

　　祖母贈淑夫人，萬曆己亥生，壽八十一，己未五月日得病，同月十三日別世。

　　父主諱弘憲，贈嘉善大夫，戶曹參判兼同知義禁府事，崇德戊寅生，壽五十五，壬甲正月二十九日得疾，同年二月十六日別世。

　　母主金氏，贈貞婦人，崇德庚寅生，壽七十八，丁酉二月二十二日得病，同月三十日戌時別世。

　　亡室貞夫人朴氏，丁卯生，壽七十九，乾隆乙酉九月初三日得病，九日甲時別世。

　　父，嘉義大夫，同知中樞府事，丁巳生，壽九十二，七月初六日得病，同月十六日別世。

　　外家忌日：外高高祖父、外高祖父、外曾祖父、外曾祖母、外祖父、外祖母別世日。

　　叔父天啓壬戌生，壽七十三，甲戌十月日得疽，同月十三日別世。

　　叔母方氏，天啓乙丑生，壽七十八，壬午十月初十日得病，同月十二日別世。

　　叔父崇禎癸酉生壽八十六，戊子正月十一日別世。

　　叔母尹氏，崇德戊寅康熙戊寅八月初二日別世。

63、具述書：《四禮要覽》

四禮要覽首篇

通禮

此篇所著皆所謂有家日用之常體不可一日而不修者問○答通桐堂深衣居家雜儀三章為一編故謂之通禮○增解所載桐堂深衣居家雜儀三章即有家日用通行之禮○亦以通關於四禮故云通禮

桐堂

此章本合在祭禮篇今以報本反始之心○子天人本于祖此先陳註報之以禮反者追之以心者 尊祖敬宗之意祖正體尊宗其是先酬之以禮反者追之以心者 實有家名分之守所以開業傳世之者故尊崇祖禰之義也本也故特著此冠于篇端使覽者知所以先立乎其大者而凡後篇所以周旋升降出入向背之曲折亦有所據而妝焉

〔朝鮮〕具述書（生卒年不詳）：《四禮要覽》，
未知年代石活字刊本。

　　全書共計四卷，裝成春、夏、秋、冬四冊。四周單邊，半葉框高二十一點九公分，寬十六點三公分，有界線，每半葉十一行，每行二十四字，註文小字雙行，版心白口，內向二葉花紋魚尾。版心中端題：「四禮要覽」各卷卷次，下方記葉次。全本框高二十八點八公分，寬十九點七公分。

　　表題：「四禮要覽　春」，序：「昭陽大淵獻春三月上浣永嘉金福漢序」，《四禮要覽》引用中國禮篇目錄凡二十八種，引用朝鮮禮篇目錄四十九種，首卷首行頂格題：「四禮要覽首編」，次行低一格題：「通禮」，卷末有尾題。

　　喪禮部份收錄的條目有：初終、疾病遷居正寢、既絕乃哭、復、執事者設幃及牀遷、立喪主、主婦、護喪、司書司貨、乃易服不食、治棺、告廟、訃告于親戚僚友、掘坎于屏處潔地、襲具、陳襲衣、沐浴之具、飯含之具、沐浴飯含之具、乃沐浴、襲、徙尸牀置堂中間、乃設奠、主人以下爲位而哭、乃飯含、侍者卒襲、靈座之具、置靈座設魂帛、立銘旌之具、執友親厚之人至是入哭、小斂之具、厥明執事者陳小斂衣衾、奠具、環経之具、括髮免髻之具、経帶之具、設小斂牀、乃遷襲奠、遂小斂、主人主婦憑尸哭擗、主人以下哭盡哀乃代哭不絕聲、大斂之具、乃大斂、漆棺諸具、結裹諸具、成服之具、本宗五服制、侍養服、改葬服制、偕喪持服、服制通論、朝哭、朝奠、食時上食、夕奠、夕哭、哭無時、俗節、生辰、有新物則薦之、吊、聞喪、奔喪、治葬、三月二葬先期擇地之可葬者、擇日開塋域祠后土、穿壙之具、遂穿壙、窆葬之具、作灰隔、大舉、翣、作主、啓殯、朝祖、陳器、遣奠、發引、柩行、途中遇哀則哭、及墓、方相至、明器、靈車至、柩至、乃窆、主人贈、加灰隔、祠后土于墓左、藏明器、下誌石、題主、成墳、反哭、至家哭、虞祭、虞祭之具、初虞、再虞、罷朝夕哭、三虞、卒哭、祔、小祥、止朝夕哭、大祥、禫、吉祭、改葬、治葬具、制服、擇日開塋域祠土地遂穿壙作灰隔皆如始葬之儀、前一日告祠堂、祝祠土地、啓墓、役者開墳、舉棺出置幕下席上、祝以功布拭棺覆以衾、設奠于柩前、執事者開棺舉尸置于斂牀如大斂之儀、遷柩就舉、發引、乃窆、祠土地于墓左、既葬、告于祠堂、三月而除服、居喪雜儀。

　　祭禮部份收錄的條目有：四時祭、初祖、先祖、禰祭、忌祭、墓祭。

64、宋浚弼：《六禮修略》

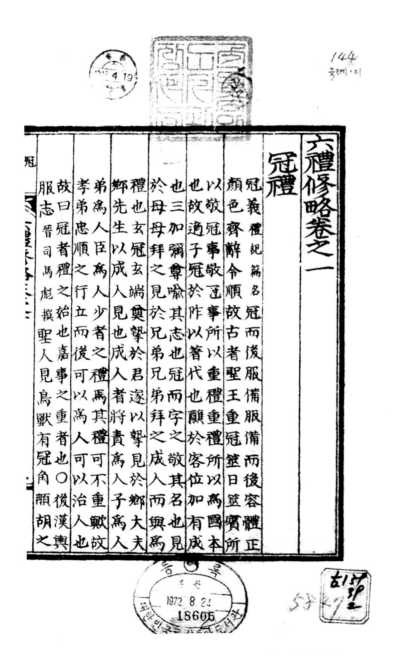

〔朝鮮〕宋浚弼（生卒年不詳）：《六禮修略》，

昭和 7 年（1932）高陽堂石活字刊本。

全書共計十卷，裝成四冊，四周雙邊，半葉框高二十八點五公分，寬二十公分，有界欄，每半葉八行，每行二十字，註文小字雙行。版心白口，上花魚尾，版心中端題「六禮修略」各卷卷次，下方記葉次，象鼻上端題各卷卷名。

表題：「六禮修略總目」，凡例七條，凡例後爲序：「庚申（1920）三月下浣冶城宋浚弼識」。跋：「歲壬申（1920）重陽節不肖男壽根敬書以識」，卷末有尾題。

是書卷之一爲冠禮，卷之二爲婚禮，卷之三至卷之七爲喪禮，卷之八至卷九爲祭禮，卷之十爲士相見禮、鄉飲酒禮、投壺禮等。

喪禮部份收錄的條目有：初終之論凡五條〈疾病遷居正寢、訃告于親戚僚友、治棺物目、訃告書〉、襲之論凡四條〈掘坎于屏處潔地、親厚之人至是入哭、襲物目、銘旌式〉、小斂之論凡兩條〈厥明陳小斂衣衾、代哭不絕聲、小斂物目〉、大斂之論凡二條〈厥明陳大斂衣衾、止代哭者〉、服制之論凡六條〈斬衰三年子爲父、練麻三月爲同爨、三殤服、并有喪、稅服、師友服〉、吊之論凡八條〈凡吊皆素服、路遠或有故不及赴吊者爲書慰問、致奠賻狀、謝狀、門狀、名紙、慰人父母亡疏、慰人祖父母亡疏、祖父母亡答人慰狀〉、奔喪之論三條〈始聞親喪以哭答使者盡哀問故又哭盡哀、除喪而歸則之墓哭、奔喪服色〉、治葬之論凡七條〈三月而葬、作主、治葬物目、擇日後靈筵告辭、開塋域祠后土、祔葬先塋告辭、合葬先葬告辭、啓期書〉、遷柩之論凡七條〈發引前一日五服之親各服其服入就位、守舍者哭辭、啓殯告辭、朝祖告辭、祖奠告辭、就舉告辭、遣奠告辭〉、發引之論凡二條〈柩行方相前導、反服其服者既葬除之〉、虞祭之論凡三條〈祠后土祝、題主式、題主奠祝〉、卒哭之論凡五條〈卒哭用剛日、以書吊者須答之、卒哭祝、父母亡答人慰疏、謝人吊賻會葬疏〉、祔之論凡八條〈卒哭之祭既徹即陳器具饌、徹饌、祖考位出主告辭、支子祔祭祠堂告辭、紙榜式、新位出主告辭、祖考位祝、新位祝〉、小祥之論凡四條〈期而小祥、婦人既練而歸、練變服色、小祥祝〉、大祥之論凡四條〈又期而大祥、禫前晨謁、祥變服色、祔廟告辭〉、禫之論凡六條〈大祥之後中月而禫、始飲酒食肉、禫變服色、卜日告辭、出主告辭、禫祭祝〉、改葬之論凡十一條〈擇地治葬具、緦三月而除之、開塋域祠土地祝、祠堂告辭、舊山祠土地祝、啓墓告辭、就舉告辭、遣奠告辭、新山祠土地祝、葬畢奠告辭、出主告辭、哭廟祝〉。

65、藤井懶齋：《二禮童覽》

〔日〕藤井懶齋（1628～1709）：《二禮童覽》，
日本文化 12 年（1815）中村直道寫本。

表題：「二禮童覽　全」。扉頁左下端記：「貝原先生著述」。序：「萬治三年七月日」。書中鈐有：「熊本人中邨萬喜直道氏手寫本」。卷末有題跋：「元祿元戊辰年十一月吉祥日森田長右衛門，文化十二乙亥年秋九月廿一日寫卒是，中村直道」。

首卷首行頂格題：「二禮童覽上」，次行低一格題：「喪禮　初喪」。書中鈐有「早稻田大學圖書」朱文方印、「大正二年一月卅一日中村楯雄氏寄贈」長文方印。

全書收錄喪、祭二禮，喪禮部份收錄的條目有：初喪、護喪、主賓、司書、司貨二、備用三〈喪葬祭禮用具，其中有棺制法、神主、誌石、小袖、肩衣袴、□皮、沐巾一、浴巾一、幎目巾、握巾、充耳、沐浴具、幕、疊、單衾、三物、炭末、沉香、木具□箸、茅砂、杖〉、治棺四、神主五、誌石六、沐浴七、附襲、入棺八、發引九、治葬十、虞祭十一、墳墓十二、居喪十三、附祥、禫、奔喪十四、返葬十五、諸親十六、君喪十七。諸親部份收錄神祇服紀令：父母服、養父母、嫡母繼母服、夫服、妻服、舅姑夫父母服、嫡子服、末子服、祖父母服、伯父叔父服、姑父姊妹服、兄弟服、姊妹服、曾祖父母服、高祖父母服、嫡孫服、末孫服、從兄弟服、甥姪服、異父兄弟姊妹服、外祖父母服、舅姨服、七歲以下無服。

祭禮部份收錄的條目有：卜日一、齋戒二、備物三〈其中有單衾、香案、茅砂、燭臺、祝版、屏風、水具、梡皿、薄臺、鉢盆、箸、盞臺、土器、酒注、茶具〉、陳器四、用人五、具膳六、儀節七、祔食八、忌日九、墓祭十、庶子十一、通禮十二。

藤井懶斎（1628～1709），江戶時代前期學者、醫學家，名臧，字季廉，別號伊蒿子，原名部忠庵，著有《本朝孝子傳》、《二禮童覽》等書。

《日本人名大辭典》對藤井懶斎有相關介紹：寬永 5 年生まれ。眞名部忠庵の名で筑後（ちくご）（福岡縣）久留米（くるめ）藩の医師となる。のち京都にでて山崎闇齋にまなび，朱子学の立場から仏教を批判した「閑際筆記」をあらわした。宝永 6 年 7 月 12 日死去，82 歳，筑後出身，名は臧，字（あざな）は季廉，通称は玄蕃，別号に伊蒿子。

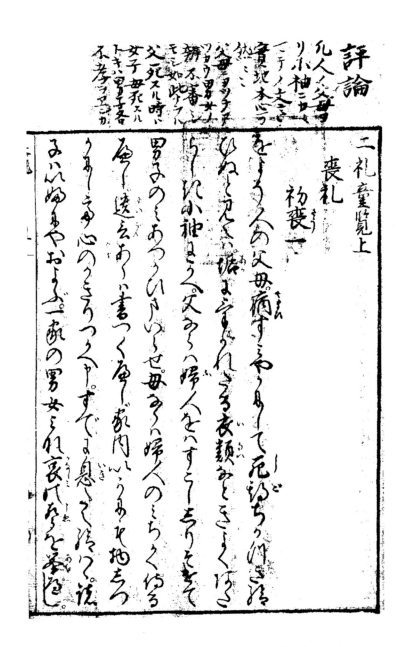

韓國國立中央圖書館藏，元祿元年（1688）
中川茂兵衛刊本《二禮童覽》。

66、新井白石：《家禮儀節考》

家禮儀節考卷之一

通禮

祠堂　來翁終于蜀吏民為立祠堂、前漢循吏傳、司馬溫
公曰、朝作宗時嘗聽太子少傅以上皆立家廟而
有司終不為之定制度惟束潞公立廟於西京他
人皆莫之立故今但以影堂言之、劉氏恢孫曰、
伊川先生云古者庶人祭於寢、士大夫祭於廟庶
人無廟可立影堂、今末小先生乃曰祠堂者蓋以
伊川先生謂祭時不可用影故改影堂曰祠堂丹

報本反始　郊特牲、郊之祭也、大報本反始也、陳氏

〔日〕新井白石（1657～1725）：《家禮儀節考》，

日本早稻田大學藏未知年代寫本。

全書共計八卷，裝成天、地、人三冊。半葉框高二十四公分，寬十六公分，無邊框、界格，每半葉十一行，每行十九字，註文小字雙行。版心白口，無魚尾。

書中鈐有：「門外不出弘文館藏書印」藍文長方印、「早稻田大學圖書印」朱文方印，卷末有尾題。書中人名、文名處用朱筆劃雙豎線，有藍筆校點。

表題：「家禮儀節考　從五位下筑後守源朝臣君美撰」，首卷首行頂格題：「家禮儀節考卷之一」，次行低一格題：「通禮」。

是書爲新井白石註釋朱子《家禮》一書中之專有名詞，乃據原本之通、冠、婚、喪、祭四篇，喪禮部份詮釋的名詞有：

卷之五：朝夕奠、盡用素器、朔日設饌、國恤、狀之式、酹酒、賓主答拜、清酹庶羞、賻奠狀式、自經于溝瀆、賻喪、舊館人之喪、有事則奠之、紙幣、供帳、醵錢、舉債、有祖塋則祔葬其次、姻婭、灰隔、篩柈令勻、誌石、明器、泥塑、下帳、苞、筲、五穀、竹格、遷于廳事、祖奠、祖道、輤、發引、哭步從、白幕、方相、乃窆、兜、柩衣、膉合、祠后土、藏明器、復實以土、題主、窆窆、祝奉神主、監視實土、墳、石碑、至家哭、哭于斫所、有吊者、天子七月云云、所拍、未葬不變服、食稻衣錦、焚柩收燼、延陵季子、葬于其地、安厝、益狹而深、虞主用桑、丹朱、雄黃、磐石、圍人、功布、地虱、郭子葬經、承生氣、重穉、預卜藏穴、穀則異室、地道以右爲尊、石人石獸望柱、令甲、公室視豐碑、鹿盧、神道碑、墓碣、墓表、勒銘鍾鼎、誄、輀歌、遠行舉。

卷之六：虞祭、日中而虞、粢盛、祫事、初虞、再虞、三虞、卒哭、井花水、讀祝、祔、主人以下哭、請主就座、序立、奉主還故處、醴齊、小祥、受服、常事、大祥、祧、厥明行事、祥事、埋主、合祭、禫、庶羞、飲酒、改葬緦、返葬、

卷之七爲祭禮，詮釋的名詞有：時祭、或丁或亥、歲事、爵、鍾、醬、麷、柴、菫、設位、省牲、酊、參神、亞獻、引福受胙、嘏辭、告利成、餕、稱家之有無、初祖設位、釜、鼎、杆、毛血爲一盤、胖、就位、大羹鉶羹、徹餕、先祖、禰、變服、忌日、祝文、不飲酒不食肉、生忌、墓祭、三月上旬、遂祭后土、祀龜、五祀、淫祀、忌日必哀、臭陰臭陽、古無今世之香、蘭芷蕭父、明水、膾、炙、羹、餚、軒、脯、醢、薄餅、油餅、棗糕、混沌、

餈糕、團、粽、餳、籩豆、紙錢、締袷、祝文。

據長澤規矩也《和刻本漢籍分類目錄》補正及《日本所藏中國古籍資料庫》知，除元祿元年（1688）本外，日本版《家禮》有元祿十年（1697）跋本、後印須原屋茂兵衛本、明治大阪河內屋喜兵衛印本、江戶中期印本、延寶三年（1675）壽文堂刊本、寬正四年（1792）江戶須原屋茂兵衛本、後印大阪柳原積玉圃本、天寶二年（1831）佐土原學習館跋刊本、嘉永五年（1852）仙臺藩養賢堂本、安慶元年（1648）風月宗知刊本、安慶四年（1651）昆山館道可處士本、明曆二年（1656）柏屋八右衛門本、萬治二年（1659）種秀堂大和田九左衛門印本、出雲寺和泉掾本、金聞舒瀛溪刊本、稻葉正信（默齋）《家禮抄略》寫本一部、《家禮喪禮鈔》寫本一卷、室直清《文公家禮通考》一卷、新井白石《家禮儀節考》八卷、《家禮喪禮鈔》寫本一卷、《家禮筆記》寫本三冊、若林進居（強齋）《家禮訓蒙疏》二卷、《家禮諸圖考》寫本一卷、《家禮講義》寫本一卷、三宅重固（尚齋）《朱子家禮筆記》不分卷、《朱文公家禮喪禮略私注》寫本、彥豬飼博《文公家禮儀節正誤》一卷。

新井白石（1657～1725），名君美，號白石。日本江戶時代政治家、詩人、儒學學者，他在朱子理學、歷史學、地理學、語言學、文學等方面造詣頗深。

1686 年，新井師從著名儒學家木下順庵（1621～1698，曾爲幕府將軍德川綱吉的侍講），學習朱子理學，後成爲加賀藩藩主前田綱紀（1643～1724）的家臣，1693 年又投入甲府藩藩主德川綱豐——即後來的德川家宣（1662～1712）與德川家繼（1709～1716）府下，其在執政期間的改革，史稱「正德之治」。1716 年後新井退隱，積極整理許多大名的家系圖，著有《藩翰譜》、《讀史余論》等書。新井卒於享保 10 年（1725），享年 69 歲，葬於今東京市中野區高德寺。同時新井還著有《西洋紀聞》、《采覽異言》、《南島志》、《蝦夷志》、《家禮儀節考》等書。

67、佚名：《喪令便覽》

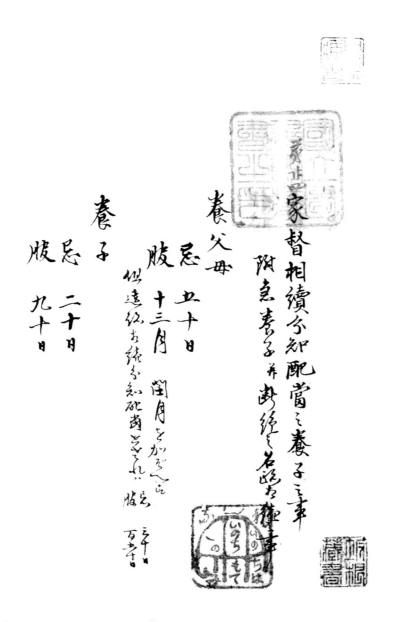

〔日〕佚名（生卒年不詳）：《喪令便覽》，文久3年（1863）寫本

全書共計兩卷，裝成兩冊，四周無邊框、界欄，每半葉十行，每行字數不一，註文小字雙行，版心白口，無魚尾。

表題：「喪令便覽」，序：「南總宮藩臣丸山四郎各制三德謹撰」，凡例十則。末頁有題跋：「文久三年寫，龍城臣坂根俊」

全書收錄的條目有：服忌之儀〈附御旬之事〉、宗族親屬之圖、宗族外戚之圖、外戚高祖父母曾祖父母之圖、女方曾孫玄孫之圖、從弟配系之圖、服忌令之必得之事、附時刻之事、父母并離別之母忌服之事、祖父母之忌服之事、曾祖父母之忌服之事、高祖父母忌服之事、嫡子末子養子忌服之事、養女之事、嫡孫承祖之事、附曾孫玄孫承祖之事、嫡母忌服之事、夫之父母忌服之事、伯叔父姑忌服之事、兄弟姊妹忌服之事、甥侄忌服之事、種智之事、妻之事、家督想續分知配當之養子之事、相續之事、父母養子成子之事、元續養子之事、養女之事、嫡孫承祖之事、夫死後再嫁之事、七歲未滿之事、聞忌服之事、重忌服之事、穢之事、服穢御改之事。

日本學者所著喪服制論專書尤多，比較有知名的有：佚名寬正3年（1462）《改正弁解服忌令》寫本、大僧正定最寬永16年（1639）《東照大權現服忌令》寫本、貞享元年（1684）近江屋次郎右衛門《貞享元年服紀令》寫本、梅村彌白貞享5年（1688）《御改正服忌令》寫本、梅邨彌白元祿8年（1695）京極通五條橋砌《御改正服忌令》寫本、大滝政明元文元年（1736）《服忌令》增補寫本、成嶋仙藏天明7年（1787）《服紀參疏》跋寫本、屋代弘賢寬政10年（1798）《服制沿革考》序寫本、渡邊源英文化元子年（1801）《差等條辨服忌令》寫本、加藤次章文政4年（1821）《重訂服忌令撰註分釋》跋寫本、土肥賴時文政5年（1822）《諸家服忌問答集》增補寫本、佚名文政5年（1822）《服忌令元祿六酉年御定并諸家問答》寫本、加藤次章文政12年（1829）《服忌令撰註》寫本、山崎籍侃文政13年（1830）《新製頭書服忌令》序寫本、筒井忠英天保5年（1834）《養實服忌辨疑》鳳翔館寫本、草加定環天保15年松本友之進（1844）《服忌令條例》寫本、藤原三支時弘化3年（1846）《服忌令撰注》序寫本、遠山景晉萬延元申年（1860）《服忌令詳解》序寫本、加藤景孝明治10年（1877）《日本帝國九族相續法等親服忌圖解》羽毛田侍郎刊序刊本等。